Community Learning & Libraries
Cymuned Ddysgu a Llyfrgelloedd

This item should be returned or renewed by the
last date stamped below.

To renew visit:

www.newport.gov.uk/libraries

Dawn Ymadrodd

Mary Wiliam

Gomer

Cyhoeddwyd yn 2016 gan
Wasg Gomer, Llandysul, Ceredigion SA44 4JL
www.gomer.co.uk

ISBN 978 1 78562 160 4

Dymuna'r cyhoeddwyr gydnabod cymorth
Cyngor Llyfrau Cymru.

Argraffwyd a rhwymwyd yng Nghymru gan
Wasg Gomer, Llandysul, Ceredigion.

Cynnwys

Rhagymadrodd

Llyfr am ddywediadau a diarhebion yr iaith Gymraeg yw hwn. Mae'r ddau ddosbarth ymhlith y mwyaf lliwgar a chofiadwy o holl ymadroddion a phriod-ddulliau'r iaith, er ysywaeth mai llai o ddefnydd a wneir ohonynt mewn cyfnod pryd mae'r iaith yn cael ei glastwreiddio a'i symleiddio fwyfwy ar y cyfryngau ac ym mhob maes arall. Gobeithiaf y bydd y llyfr hwn yn fodd i roi ar gof a chadw o leiaf rai o'r miloedd o ddywediadau cryno a bachog a fu unwaith yn rhan mor hanfodol o'n sgwrs bob dydd, ac a fydd, efallai, yn gyfrwng i ddwyn eraill i gof y darllenydd.

Cyhoeddwyd peth o'r cynnwys yn wreiddiol fel dwy gyfres o erthyglau yn *Y Cymro* yn 1973 ac 1974. Ceisiais gyflwyno ynddynt ystod eang o'r dywediadau a'r diarhebion a gesglais ar lafar pan oeddwn yn aelod o staff Amgueddfa Werin Cymru a gwneud hynny mewn dull apelgar. Casglwyd yr erthyglau hynny at ei gilydd a'u cyhoeddi mewn cyfrol fechan, *Dawn Ymadrodd,* gan Wasg Gomer yn 1978. Mae honno wedi bod allan o brint ers blynyddoedd bellach, ond mae fy niddordeb yn y pwnc wedi parhau, a dyma gyflwyno peth o'r testun gwreiddiol gydag ychwanegiadau sylweddol. Yr wyf yn ddiolchgar i Wasg Gomer am gyhoeddi'r gyfrol ar ei newydd wedd.

Ond beth yw 'dywediad' a 'dihareb'? Nid yw'r ddau derm yn gyfystyr, er imi ddefnyddio'r naill a'r llall yn eithaf llac yma. 'Dywediad', yn ôl *Geiriadur Prifysgol Cymru,* yw 'yr hyn a ddywedir neu a ddywedwyd, gosodiad, datganiad; ymadrodd cofiadwy a chynefin ar lafar gwlad, doethair, dihareb'. Yn aml, nid yw dywediad yn osodiad sy'n gyflawn ynddo'i hunan; er enghraifft, yn achos

glased o ddŵr a wâc rownd y ford,

mae'n ateb ffraeth i'r cwestiwn oesol, 'Be sydd i gino, Mam?' Ond mae

Ni ddychwel ddoe

yn osodiad cyflawn. Dyma'r *Geiriadur* eto am 'dihareb': 'ymadrodd neu ddywediad (cynefin ar lafar gwlad, &c) yn datgan doethineb mewn dull cwta a chofiadwy …' 'Gwir y doethion mewn geiriau dethol' oedd diffiniad T. Gwynn Jones. Yn ôl Bobi Jones, wedyn, y ddihareb yw'r 'ffurf lenyddol fyrraf oll'. Ei ffordd gofiadwy ef o wahaniaethu rhwng dihareb ar y naill law a disgrifiad neu wireb ar y llall yw bod cyfuniad o ddwy elfen ddisgrifiadol mewn dihareb. Felly disgrifiadau yw 'eira mân' ac 'eira mawr', ond pan gyfunir y ddau i greu

Eira mân, eira mawr

mae'r ystyr yn newid. Trwy brofiad, gŵyr pawb taw'r eira mân, nid y plu bras, sy'n glynu ac yn aros. Dyna i chi ddihareb. Mae Llyfr y Diarhebion yr Hen Destament yn cynnwys gwirebau, moeswersi a chynghorion, ond ychydig o ddiarhebion y Beibl a ddefnyddiwn ni heddiw.

Er i rai o'r dywediadau a'r diarhebion a gynhwysir yma gael eu creu'n gymharol ddiweddar, mae'r rhan fwyaf ohonynt wedi goroesi ers cenedlaethau, os nad canrifoedd. Yn hynny o beth, maent yn allwedd i fyd sydd bron yn angof erbyn hyn. Mae'n amlwg fod iddynt swyddogaeth oedd yn clymu cenhedlaeth wrth genhedlaeth a chymdeithas wrth gymdeithas. Dyma fyd y ffermwr, y pysgotwr, y glöwr a gwraig y tŷ, a natur swyddogaeth pob un ohonynt bron wedi diflannu neu wedi newid yn llwyr. Ym mhob achos, y gorffennol sy'n siarad: mae'r gwrandawr yn gwybod nad datganiad gwreiddiol y mae'n ei glywed, ond rhywbeth a drosglwyddwyd gan ei hynafiaid. Gwirioneddau oesol sydd yma, ac oherwydd hynny maent yn ddarlun da o'r gymdeithas gynt: cawn gwrdd â phob math o bobl. Ac o'u hystyried, mae'r dywediadau a'r diarhebion yn rhoi inni arweiniad, cysur, sicrwydd a chadernid. Mae llawer yn foeswersi.

Mae'n siŵr hefyd fod cannoedd, os nad miloedd, o'r rhai a grëwyd wedi mynd yn angof, ac mai dim ond y rhai mwyaf trawiadol a chofiadwy sydd wedi goroesi, am eu bod efallai'n gwrthgyferbynnu'n fachog, neu'n cynnwys odl fewnol sy'n goglais y meddwl, neu am fod iddynt ryw dinc hynafol, megis

Esmwyth cwsg potes maip.

Wrth gwrs, ni cheir adlewyrchiad teg o gymdeithas unrhyw oes yma – detholiad o'r rhai mwyaf difyr a gofnodais ar lafar yw cynnwys y llyfr hwn – ac ychydig o naws ormesol ac ochr dywyll cymdeithas a geir yn y dywediadau. Ond mae'r themâu sydd ynddynt yn oesol ac yn rhyngwladol. Ychydig iawn, iawn o ddiarhebion unrhyw wlad sy'n gyfyngedig i'r wlad honno, ac mae'n anodd mesur dylanwad diarhebion un iaith ar un arall. Mae diarhebion cyfatebol i'r rhai Cymraeg cynharaf i'w cael nid yn unig yn Saesneg ond yn Ffrangeg, Eidaleg, Sbaeneg ac Almaeneg hefyd, ac mae'n amhosibl barnu pa un a fathwyd gyntaf.

Er mai fersiwn gynharach o'r llyfr hwn oedd y fersiwn gyntaf i geisio esbonio a thrafod peth o gyd-destun cymdeithasol diarhebion y Gymraeg, nid peth newydd yw casglu dywediadau ac ymadroddion bachog. Dywedir bod pedwar casgliad o ddiarhebion Cymraeg yn hŷn na'r bymthegfed ganrif, gyda

1,700 o enghreifftiau ar glawr yn Llyfr Du'r Waun, Llyfr Gwyn Rhydderch, a Llyfr Coch Hergest. Honnir mai rhyw Hen Gyrus o Iâl oedd y casglwr cyntaf, ac mai ei waith ef sydd wedi ei gofnodi yn y casgliadau hyn. Does dim corpws cymharol i'w gael yn yr ieithoedd Celtaidd eraill, nac yn y Saesneg ychwaith. Mae'n amlwg i'r beirdd eu hastudio, gan i'r un gwirioneddau a grisielir yn y dywediadau hyn ymddangos yn eu gweithiau hwy, yn ogystal â'u dawn i ymgorffori diarhebion gwerin yr oes a chreu llinellau bachog eu hunain. Y casgliad a briodolir i Gyrus o Iâl oedd sail y dywediadau a'r diarhebion sydd i'w cael yn un o'r llyfrau cyntaf i'w hargraffu yn Gymraeg hefyd, sef *Oll Synnwyr Pen Kembero Ynghyd* a gyhoeddwyd gan Wiliam Salesbury yn 1547, a'r un modd y casgliad a geir ar ddiwedd geiriadur enwog Dr John Davies yn 1621, y *Dictionarium Duplex*.

Erbyn hynny, roedd dylanwad y Dadeni Dysg wedi sicrhau bod ysgolheigion Cymru yr un mor gyfarwydd â diarhebion tramor, megis yn y llyfr a gyhoeddwyd gan James Howell yn 1658, *Lexicon Tetraglotton*, gyda'i gasgliad o ddiarhebion Saesneg, Ffrangeg, Eidaleg a Sbaeneg, ac ychydig o ddywediadau Cymraeg wedi'u cyfieithu i'r Saesneg. Yr oedd diarhebion a dywediadau o'r byd clasurol wedi eu defnyddio fel sail i astudio gramadeg Lladin ers canrifoedd, ac fe gyhoeddodd Erasmus, prif ysgogydd Dadeni Dysg gogledd Ewrop, gasgliad cynhwysfawr ohonynt ar ddechrau'r unfed ganrif ar bymtheg. Cyhoeddwyd yn ddiweddar gasgliad gwerthfawr o hen ddiarhebion gan Richard Glyn Roberts, sef *Diarhebion Llyfr Coch Hergest* (2013), ac mae'r awdur yn trafod diarhebion Cymraeg a rhyngwladol hefyd mewn amrywiol rifynnau o'r cylchgrawn *Dwned*.

Y gweithiau cynnar hyn yw sail yr holl gasgliadau diweddarach, er, mae'n debyg, na allwn roi gormod o goel ar rai o'r enghreifftiau yng nghasgliad enfawr Iolo Morganwg o ddiarhebion ei sir enedigol. Cyhoeddwyd nifer o gasgliadau yn ystod y bedwaredd ganrif ar bymtheg, gydag un y Parch. T. O. Jones (Tryfan) o 1891, *Diarebion y Cymry*, yn gynhwysfawr iawn. Casgliad difyr yw'r un o eiddo'r casglwr llên gwerin o sir Frycheiniog, Evan Jones, Tyn-pant, Llanwrtyd, *Doethineb Llafar Cantref Buallt* (1925). Mae cefndir gwledig Evan Jones yn amlwg o'i ffordd o ddosbarthu cynnwys y llyfr, a cheir adrannau ar lên y corff, gwisg ac ymborth, anifeiliaid, adar, trychfilod ac ati, coed, llysiau, blodau a ffrwythau, arfau, offer, llestri a dodrefn, y tywydd a'r flwyddyn, a'r tymhorau.

Albanwr a symudodd i Gymru ac ymserchu yn y Gymraeg oedd William Hay, ar y llaw arall, ac mae ei gasgliad ef o 1955, *Diarhebion Cymru*, yn gynhwysfawr iawn. Gwelai ef werth addysgol mawr i'r diarhebion. Rhestrodd casgliad J. J. Evans, *Diarhebion Cymraeg* (1965), ddiarhebion Saesneg cyfatebol. Ers imi gyhoeddi *Dawn Ymadrodd* yn 1978 mae dyrnaid o gasgliadau ac astudiaethau pwysig o ddywediadau a diarhebion ardaloedd penodol wedi'u cyhoeddi, megis un Gwilym Tudur a'i chwaer Mair E. Jones ar iaith Eifionydd, *Amen, Dyn Pren* (2004). Ond oni bai fy mod yn nodi i'r gwrthwyneb, cesglais yr holl ymadroddion sydd yn y llyfr hwn oddi ar lafar ledled Cymru.

Dylwn i esbonio sut y bu i mi ymddiddori cymaint mewn diarhebion a dywediadau. Cefais fy ngeni yn Sirhywi, hen ardal ddiwydiannol ar gyrion Tredegar yng Ngwent. Roedd tylwyth fy mam o'r ardal, felly hefyd dad fy nhad. Pan ddaeth ei fam-gu ef o sir Faesyfed i weini yng nghartref Dr Smith yn 1868 nid oedd ganddi fawr o Saesneg. Gwyddai Esther Rees y byddai'n rhaid i'w gŵr weithio oriau hir yn y pwll glo, felly paratoes at hynny ymlaen llaw. Daeth â chricsyn mewn bocs matsys i fod yn gwmni iddi a'i osod y tu ôl i'r lle tân yn ei chartref newydd yn Queen's Square, Tredegar. Y cricsyn oedd ei chwmni yn ystod yr oriau meithion pan oedd ei gŵr dan ddaear.

Er nad oedd fy naill fam-gu na'r llall wedi siarad Cymraeg â'u plant eu hunain, fe ddechreuson nhw siarad Cymraeg â fi. Roeddwn i'n gyndyn o siarad Cymraeg â nhw, ond roeddem yn mynd i gapel lle parhawyd i ganu emynau Cymraeg er bod y bregeth yn Saesneg ers blynyddoedd. Felly roedd y Gymraeg yn fy nghlustiau'n gyson. Wedi imi ddechrau canu alto gyda fy nghyfnither, cefais flas mawr ar yr emynau, sy'n canu yn fy nghof o hyd. Roedd colli'r Gymraeg wedi bod yn nodwedd o'r Cymoedd ers blynyddoedd. Ganed Thomas Jones, a ddaeth yn Ddirprwy Ysgrifennydd y Cabinet yn 1916, yn Rhymni, y dref nesaf atom ni, yn 1870. Yn ei hunangofiant, *Rhymney Memories*, mae'n sôn am ei deulu ei hunan: 'Deallaf ein bod wedi siarad Cymraeg gartref nes fy mod yn chwech oed, ond wrth i'r plant fynd i'r ysgol, dyma gadw'r Gymraeg at ddibenion crefydd.'

Dyna'r gwir am bob teulu yn yr ardaloedd hyn bron, ond er inni ollwng y Gymraeg, yr oeddem yn deulu oedd yn gwerthfawrogi'r iaith lafar. Ar yr aelwyd, pan fyddwn i'n holi am esboniad am rywbeth, byddai fy mam wastad yn dweud 'Ask your father.' Ond ar faterion ieithyddol, ei ateb ef oedd 'That's one of your mother's. Ask her.' Yr oedd fy mam yn ddarbodus wrth natur ac o ganlyniad, yn wahanol i'm ffrindiau, roedd hi'n prynu dillad sawl maint yn fwy nag oedd ei angen arna i ar y pryd. Fe droes yn jôc deuluol, a dim ond i'm hewyrth fy ngweld mewn pilyn newydd roedd y tynnu coes yn dechrau, ac yntau'n dweud wrtha i:

Boy grow, coat won't, is it again, Mes?

Dychmygwch y wefr a gefais flynyddoedd wedyn yn yr Adran Gymraeg yn y Brifysgol yng Nghaerdydd pan welais y geiriau hyn yn Llyfr Coch Hergest:

Tyfid maban; ni thyf ei gadachan.

Rhoddwyd y geiriau hynny ar glawr ar ddiwedd y bedwaredd ganrif ar ddeg, ac yr oedd teulu fy mam yn eu defnyddio, mewn cyfieithiad, yng nghanol yr ugeinfed ganrif.

Pan awgrymwyd imi ar ôl graddio y gallwn ddechrau ymchwilio i dafodieithoedd y Gymraeg, fe gytunais ar unwaith, ar yr amod fy mod yn cael astudio'r dafodiaith leol, er cyn lleied o bobl oedd yn dal i'w siarad hi. Dyna fan cychwyn taith sydd wedi fy niddori a'm difyrru ar hyd fy oes. Wedi imi orffen fy nhraethawd ar dafodiaith Tafarnau Bach, pentref cyfagos i Dredegar, cefais fy mhenodi i Adran y Tafodieithoedd yn Amgueddfa Werin Cymru, a chael y fraint a'r pleser o gyfarfod â phobl o bob rhan o Gymru a chlywed yr iaith fel na chlywais hi o'r blaen.

Rai blynyddoedd wedi hynny, symudais i weithio ar y rhaglen deledu nosweithiol *Heddiw*, lle dysgais un wers fawr gan y golygydd, John Roberts Williams, sef 'Gwna fo'n ddiddan'. A dyna un o nodweddion mawr y diarhebion – doethinebau wedi'u crisialu'n ddifyr a chofiadwy ydyn nhw. Mae llawer yn deillio o gyfnod pan oedd pobl yn anllythrennog, gan weithredu fel moeswersi bachog oedd yn helpu pobl i fyw yn fucheddol yn ogystal ag i ddifyrru'r amser. Pan ddychwelais i Sain Ffagan ymhen ychydig flynyddoedd, roeddwn i mewn gwell sefyllfa i allu ysgrifennu am ddiarhebion a dywediadau. Bûm yn eu hastudio am ddwy neu dair blynedd yn nechrau'r 1970au, gan holi siaradwyr ledled Cymru am y rhai oedd yn rhan o'u hetifeddiaeth nhw.

Syndod i lawer yw darganfod bod y fath amrywiaeth o ddywediadau i'w cael, a bod pobl yn dal i'w cofio a'u defnyddio. Y genhedlaeth hŷn sy'n meddu ar y cyfoeth, gan eu bod wedi bod yn eu sŵn erioed. Wrth i'r gymdeithas fynd yn fwy soffistigedig, a'r gyfundrefn addysg yn ein cyflyru i fod yn fwy annibynnol a gwrthrychol ein meddyliau, mae athroniaeth y werin fel y'i crisielir yn y dywediadau'n cael ei gwthio i'r cefndir. Ond mae rhai unigolion a theuluoedd yn fwy na'i gilydd wedi ymserchu ynddynt. Maent yn eu trysori, a chanddyn nhw y mae'r stôr. Ond mae gan bawb ryw gelc yn yr isymwybod. Y gamp yw eu dwyn i gof.

Y canllaw cyntaf – a'r pwysicaf o ddigon i ysgogi'r meddwl – yw gofalu bod gennych bapur a phensel wrth law, nid yn y drôr, ond mewn lle amlwg ar y ford neu'r silff ben tân, oherwydd gwibio trwy'r cof a wna'r dywediadau, ac felly mae'n hollbwysig eu rhoi ar glawr ar unwaith, neu mi ddiflannant fel gwlith y bore. Wedi gofalu am yr ochr ymarferol, mae'n syniad reit dda i ddewis pwnc neu olygfa a meddwl yn drefnus am bob agwedd arni.

Does dim rhaid darllen y llyfr mewn unrhyw drefn benodol, a gobeithiaf y gallwch bori ymysg y tudalennau yn ôl eich mympwy. Nodyn technegol cyn gorffen: dylwn i nodi imi ddefnyddio'r ffurf bresennol gan mwyaf, oni bai bod sicrwydd i ddywediad neu ddihareb fynd yn angof oherwydd bod yr arfer yr oedd yn ei grisialu wedi diflannu. Ac er y gall llawer un fod ar fin mynd yn angof, rwy'n dal i gael fy synnu gan ddawn pobl i fathu a chreu o'r newydd. Rwyf wedi cynnwys esboniadau a all ymddangos yn ddiangen i'r Cymro Cymraeg hyddysg yn y gobaith y gall dysgwyr ac eraill ei chael yn haws deall ergyd rhai o'r diarhebion. Mae'r dywediadau wedi eu cofnodi fel y clywais hwy ar lafar, ac felly maent yn aml yn dafodieithol. Mae rhai tafodieithoedd yn hepgor llythyren gyntaf gair gan ynganu 'af' yn lle 'haf', a cheisiais ddangos hynny drwy roi'r llythyren goll mewn bachau sgwâr, fel hyn: [h]af. Lle mae gair yn anghyfarwydd i'r darllenydd, o bosibl, rwyf wedi rhoi gair mwy cyffredin (Saesneg weithiau) yn y cromfachau arferol. Nodweddir tafodiaith de-ddwyrain Morgannwg gan sain a yngenir rhwng 'e' ac 'a' ac a ddynodir yma gan y symbol ē. Mae sain debyg yn sir Drefaldwyn – meddyliwch am leferydd y cerddorion Siân James neu Linda

Healey. Mae'n anodd disgrifio'r sain hon, ond enghraifft fyddai **Mē fa'n ddyn dē** sef 'Mae e'n ddyn dā'. Yma ac acw hefyd, mae ymadroddion pert sydd ddim yn ddywediad nac yn ddihareb, ond sydd eto'n rhan o athrylith yr iaith Gymraeg.

Ac yn olaf, ond yn bwysicach na dim, mae fy nyled i'r bobl a enwir yn y diolchiadau yn llwyr. Heb eu hymroddiad a'u cof hwy, ni fyddai'r llyfr hwn yn bosibl. Ysywaeth, ychydig ohonynt sy'n dal yn fyw erbyn hyn. Wrth ddiolch am eu cymorth a'u parodrwydd, hoffwn ddiolch yn ogystal am y croeso a gefais ar eu haelwydydd, hindda a drycin, ac am yr holl gwpaneidiau o de a yfais yn eu cwmni. Diolch hefyd i ambell gyd-weithiwr a chyfaill, a'r nifer fawr o bobl a fu garediced â sgrifennu ataf yn cynnig gwybodaeth werthfawr wedi i'r erthyglau ymddangos yn *Y Cymro*. Ers cyhoeddi'r *Dawn Ymadrodd* gwreiddiol, bûm yn darlithio'n lled aml ar y pwnc i gymdeithasau megis Merched y Wawr a rhoes hynny, ynghyd â sgwrsio gyda ffrindiau, gyfle imi ychwanegu at y casgliad. A dyma eu cyflwyno, rwy'n gobeithio, mewn ffordd ddiddan, yn ôl gwŷs y meistr.

Mary Wiliam
Mehefin 2016

Y dywediadau

Athrylith yr iaith

Pan oeddwn i newydd ddechrau ar fy ngyrfa yn Amgueddfa Werin Cymru, Sain Ffagan, cefais wŷs gan Dr Iorwerth Peate, y pennaeth, i ddarlithio mewn cynhadledd. Dyna oedd y tro cyntaf erioed i mi wneud hynny, ac roeddwn i o dan bwysau ofnadwy. Awgrymodd un o'm cyd-weithwyr y dylwn i draddodi ar 'athrylith yr iaith'. Roedd yn deitl gwych, a bu'r geiriau'n troi yn fy mhen am ddyddiau. Ond beth yw athrylith yr iaith Gymraeg? Ai'r anian sydd wedi peri iddi oroesi ers canol y chweched ganrif a chynt? Ai ei chystrawen a'i chyfluniad arbennig? Doeddwn i ddim yn gwybod ar y pryd, ac rwy'n dal heb wybod. Ond wrth ddechrau casglu hen ymadroddion a dywediadau gwahanol ardaloedd deuthum yn nes at ddarganfod un wedd ar ei hathrylith, neu o leiaf, athrylith y bobl sydd wedi bod yn ei siarad a'i throsglwyddo o genhedlaeth i genhedlaeth, oherwydd ni wyddys pwy sydd wedi bathu'r dywediadau hyn, ai un dyn, ai nifer, na pha bryd na pha le.

Fe ddefnyddiais yr ansoddair 'hen' gynnau. Ond nid wyf yn rhoi'r pwyslais ar oed. Un enghraifft nodedig o hyn yw'r enw a roir ar y peiriant turio pridd, y JCB, sef

Jac Codi Baw.

Clywais yr enw am y tro cyntaf yn sir Aberteifi ac wedyn yn sir Fôn. Ond pwy gafodd y fflach wreiddiol – y gŵr o Fôn neu'r Cardi, a pha bryd?

Enghraifft y byddai'n bosibl ei dyddio'n fanwl ar y llaw arall ac y gwyddom pwy yw'r awdur yw

tarw potel

sef trosiad gwych Harri Gwynn o *artificial insemination*.

Rwy'n dal i ryfeddu at y ffordd y caiff gwirioneddau oesol eu cyfleu mewn ychydig eiriau. Ond wrth gwrs, mae cenedlaethau o bobl wedi ymdroi ymhlith eu cymdogion ac yn adnabod y tylwythau o'r gwraidd.

Nabod o goes ôl y mochyn

oedd hi yn sir Gaerfyrddin. Gan nad oedd ganddynt na radio na theledu, gwylio'i gilydd oedd eu prif ddiddanwch.

Mae wastad rhywun o'r genhedlaeth hŷn ym mhob teulu sy'n llwyddo i godi gwrychyn y genhedlaeth iau. Nid yw'r bobl hŷn, ar y cyfan, yn poeni am ffug-sensitifrwydd gweddill y teulu. Gallai 'Nain Aberaeron', meddai teulu o'r Bala wrthyf, fod yn siarp ei thafod

fel menyw siswrn

a'u hymateb nhw iddi hi oedd

'Rhowch halen arni, Nain, wir!'

Os oedd hi mewn cinio ffurfiol mewn gwesty, a phobl ben arall y ford yn cael eu gweini gyntaf, ei hymateb hi fyddai

'Wel, **y pen clemio** (llwgu) yw hwn!'

Pan fyddai rhywun yn cyrraedd y tŷ â bag siopa yn ei law, câi ei gyfarch ganddi â

'Beth sydd yn dy fynwes, Abram?'

Lle bendigaid oedd mynwes Abraham. Dros y canrifoedd, gorffwys ym mynwes Abraham mewn cyflwr o ras oedd gobaith pob claf. Yn Efengyl Luc, mae'r dyn tlawd yn cael ei ddwyn gan yr angylion i wledda wrth ochr Abraham, a'r dyn cyfoethog a gafodd ei wynfyd ar y ddaear yn dioddef yn enbyd wedi iddo farw.

Roedd gan Nain Aberaeron un dywediad a glywais yn

Aberystwyth hefyd, ac a allasai fod yn eithaf lleol. Mae'n chwarae ar y gair Cymraeg 'môr' a'r Saesneg 'more'. Câi ei ddefnyddio pan fyddai'r bwyd wedi dod i ben, boed wrth y ford neu yn y gegin. A oes awgrym yma am gymryd y ffordd gyflym, uniongyrchol ac felly orffen ynghynt? Mae'r delweddau eraill yn ddelweddau'r arfordir.

No môr *(more)*, **no mynydd. Ffordd fawr bob cam**.

Ond wedi imi geisio'i leoli ar arfordir sir Aberteifi, sylwais fod fersiwn arall ohono yn y gyfrol *Amen, Dyn Pren*, sy'n trafod iaith Eifionydd, ond wrth gwrs, mae Eifionydd hefyd yn fro'r glannau:

No môr *(more)*, **no mynydd. Lôn bôst bob cam**.

Ar ôl dychwelyd o Eisteddfod Bro Morgannwg 2012 cefais sgwrs hir ar y ffôn â hen ffrind o Gwm Tawe. Mynd dros yr hen hanes a wnawn fel arfer. 'A beth yw hanes hwn a hwn erbyn hyn?' meddwn i. 'Wel, ma'n nhw'n gweud bod rhywbeth wedi bod rynto fe a …' gan enwi rhyw fenyw y bu ei llun a'i hanes yn y papurau dyddiol am fisoedd lawer ar un adeg. 'Ond 'na fe,' meddai,

'Ma honna'n **bishin i ferwi** erbyn hyn!'

Clywais fy nhad yn dweud yn aml am ryw fenyw, 'She's an old boiler,' ond chlywais i erioed mohono yn y Gymraeg tan hynny. Ymlaen mewn dyddiau yw'r ystyr, a'i gwedd ddim fel y bu. Cofiwch, hi fyddai'r olaf i gydnabod hynny a gallai olygu bod tuedd ynddi i orymbincio er mwyn ceisio edrych yn ifanc. Mae

byta bwyd segur

yn cyfeirio at ddyn neu anifail nad yw'n talu am ei le na'i fwyd; buwch sych nad yw'n magu llo neu ddyn sy'n dewis peidio â gweithio ac yn byw ar gefn gweddill y teulu. Mae'r cyd-destun yn llawn ym mhennod olaf Llyfr y Diarhebion, y bennod sy'n ymdrin â'r wraig rinweddol, ac sy'n gorffen â'r geiriau

ac ni fwyty hi fara seguryd.

Does neb yn sir Aberteifi am gadw

segur swyddwyr.

Efallai fod rhai o'r gweithwyr yn bobl na ellir dibynnu arnyn nhw'n llwyr. Byddai rhai'n dweud am y rheiny nad oes arnynt

Ddim mwy o dryst na thwll tin babi.

Mae pob un ohonom, rwy'n siŵr, wedi cael y profiad o fagu babi bach ar ein harffed ac yn ddirybudd, mae rhyw lifeiriant yn dod o rywle er iddo newydd gael newid ei gewyn. Mae'r dywediad yn agos iawn at ei le. Mae'n cyfeirio at rywun na all gadw cyfrinach, neu sy'n rhy hoff o gario straeon di-werth. Mae ambell sefyllfa'n mynd

yn wathach wathach

yn Llansamlet, neu

yn wâth na *too bad*.

Nodir bod y sefyllfa wedi gwaethygu trwy ddefnyddio'r iaith Saesneg hefyd. Mae *too bad* yn wael ond gall pethau fod yn waeth byth. Gallant fod

tu hwnt i'r Hwntw.

Er na wyddys pwy sydd wedi bathu'r dywediadau hyn, na pha bryd na pha le, mae'n rhaid taw gogleddwr a fathodd y dywediad hwnnw oherwydd ysbryd gwawdlyd sydd iddo.

Yn ddiweddar, roedd Myrddin ap Dafydd ar y radio'n gorfoleddu bod y ddawn o fathu'n rymus yn dal yn fyw. Mae pobl Caernarfon yn sôn am fag chwythu'r heddlu sy'n penderfynu a ydych yn ffit i yrru ar ôl mwynhau glasiad o ddiod fel

swigen lysh.

Mynd 'ar y lysh' y bydd pobl ar nos Sadwrn fel arfer, ac weithiau'n yfed diferyn yn ormod.

Yn Llŷn, meddai, defnyddir y gair 'gwylana' yn

Paid â gwylana!

pan fydd rhywun yn ceisio dwyn tshipsen o'ch pecyn chi. Mae'n ddweud athrylithgar oherwydd dwyn a wna'r wylan wrth reddf. Rwy'n siŵr bod gan bawb ohonom atgof am rywbeth cyffelyb: yn ein hachos ni, paun haerllug yn un o dai'r Ymddiriedolaeth Genedlaethol a ddygodd siocled o law un o'r plant, a'r ddau'n beichio crio (a'r gŵr a minnau'n lladd ein hunain yn chwerthin, rhaid cyfaddef).

Mae rhyw fân bethau eraill yn yr un traddodiad wedi mynd â'm sylw yn ddiweddar. Mae bysedd gludiog plentyn sydd newydd fwyta losinen yn

stic stac

yn Llansamlet. Mae'n eithaf cyffredin ym Morgannwg i ddweud, 'Ma'n raid **stico ati** nawr i gwpla'r gwaith.' Ond mae 'stico', yn nhafodiaith y de-ddwyrain, y Wenhwyseg, hefyd yn golygu gwneud hast.

Mae'r geiriau sy'n dechrau gydag 'l-' hefyd yn ddiddorol, rhai fel 'lip di lwyn' a 'ling di long' neu 'linc di lonc' am gerddediad hamddenol ym Morgannwg, a 'lincyn loncyn' yng Nghaernarfon. Yno hefyd defnyddir 'linc lonc' i sôn am rywun sy'n mesur y ffordd yn ei feddwdod. Gellir clywed rhythm y cerddediad yn y geiriau.

Gêm guddio i blant oedd 'lici loci'. Ond fe ddywedid am garwriaeth ansicr fod un ohonynt yn

chwarae **lici loci**

â'r llall

Ma onna'n wara lici loci 'ta'i sbonar.

Dydy hi ddim yn anghyffredin yn y de i glywed am bobl sy'n lapan (gwag-siarad) o hyd. Dywedir

Gad (neu **Gat**) **dy lap**!

wrth rywun sy'n swnian neu sydd fel tôn gron o hyd. Siarad gwag yw'r ystyr.

'Glywsoch shwd **lap a lol** ariôd?'

dywedai rhywun mewn anghrediniaeth. Yr un ystyr sydd i 'lol mi lol' yng Nghaernarfon. 'Lap lol' yw'r un sy'n lapan:

'Beth ma'r [h]en **lap lol** moyn [y]ma eto?'

Yn Ysgol Sir Caernarfon, enw plant y dre ar blant y wlad yw 'lom' / 'lomi' a 'lomis'. Rwy'n teimlo y dylai pawb a fu mewn ysgolion uwchradd oedd yn uno plant y wlad a phlant y dre nodi'r enwau hyn nawr, gan y bydd yr ysbryd yn newid wrth i niferoedd y disgyblion yn yr ysgolion godi o hyd.

Ond pwy gafodd y fflach o weledigaeth, a sawl cenhedlaeth sydd ers pan fathwyd

mochyn deudwlc

i ddisgrifio dyn priod sy'n byw gyda'i wraig ond sydd hefyd yn mynychu tŷ menyw arall? Clywais ei ddefnyddio'n hollol naturiol yn sir Aberteifi pan oedd dau hen was yn tynnu coesau'i gilydd a'r naill yn cyhuddo'r llall o garu dwy ar yr un pryd. Yn sir Fôn, dywedir ei fod

yn rhedeg dau geffyl.

Ond caiff rhywun ym mhob ardal yr enw o fod yn hael ei wasanaeth i lawer o ferched yr ardal:

march y plwy

yw hwnnw. Yno hefyd mae bachgen sy'n caru ym mhob man yn

hwrdd hydref.

Yn fy meddwl i, roedd cymeriadu rhyw ddyn fel hen lwynog yn golygu ei fod yn gyfrwys ym mhob ffordd, wrth ei waith ac wrth ymwneud â'i gymdogion.

Carwn nodi un enghraifft arall o ymadrodd bachog, byr a gefais gan wraig yn Ffair-rhos, sir Aberteifi. Wn i ddim a oedd ganddi gariad amheus pan oedd hi'n ifanc ai peidio, ond dyma hi'n siarsio'i brawd a'i chyfeillion i beidio â dweud wrth ei mam pwy oedd e. O'r diwedd, dyma ei mam yn dechrau ei holi amdano, a phan welodd nad oedd hi'n debyg o gael ateb, dyma hi'n ateb ei chwestiwn ei hunan,

'O, **Tifedd Heble**, fentra i'

hynny yw, etifedd heb le, nid mab fferm ac felly'n is ei statws yn y gymdeithas. Rwy'n dwlu ar yr ymadrodd ac mae'n loes meddwl y gall ddarfod o'r tir, os nad yw wedi diflannu eisoes. Tybed a fyddai modd ystwytho tipyn ar ei ystyr a galw *dropouts* ein cymdeithas ni'n Etifeddion Heble? Mi fydd yn rhaid inni eu haddasu at ein dibenion ni os yw'r ymadroddion hyn i oroesi.

9

Ond i fynd yn ôl at y pwnc dan sylw, pwy feddyliodd am alw'r blodyn eiddil â'r goes fain hir sy'n lliw porffor ysgafn, ysgafn, sef yr *autumn crocus*, yn

Jac Noethlymun?

Fe fyddwn i wedi dewis rhoi enw merch arno yn hytrach nag enw dyn, ond dyna ni, pob un â'i ddiléit.

Gwaetha'r modd, cyfran fach yn unig o'r holl ddywediadau ac ymadroddion sy'n cael eu defnyddio bob dydd bellach. Ond er hynny, maen nhw'n dal yng nghof llawer o bobl, a'r gyfrinach wrth ymhél â'r maes hwn yw ceisio agor y meddwl a datgloi drysau'r cof. Un rheswm pam mae llawer ohonynt wedi aros yn yr isymwybod yw'r ffurf gofiadwy sydd arnynt, ac un o'r dyfeisiau a ddefnyddid i gynorthwyo'r cof oedd yr odl.

Enghraifft wych o hyn yw dau air y mae'n hollol amhosibl eu hanghofio wedi eu clywed unwaith yn unig, sef

Bachlwyth cachlwyth

a'u hodl fewnol ddwbl. Mae'r geiriau'n cyfeirio'n wreiddiol at y dasg o gywain gwair. Wedi cael y gwair yn daclus i'r gambo, ni ddylai fod angen defnyddio rhaff i gadw'r llwyth yn ei le. Ond pe bai'r llwyth yn edrych yn ansad, yna roedd dau fachyn o dan y gambo ac fe glymid y rhaff wrth y rheiny. Hyd yn oed wedyn, doedd dim sicrwydd na fyddai'r llwyth yn moelyd. Dyna eglurhad gwŷr gogledd sir Aberteifi: mae esboniad dyffryn Aeron yn wahanol. Yno, pe gwelid bod y llwyth ar y gambo'n rhy fawr, gadewid rhywfaint bach ar ôl tan y llwyth nesaf. Eithr yn fynych, âi'r rhywfaint bach yn llwyth mawr, a dim ond crwt wrth law i'w drafod, a gallai hynny achosi llawer mwy o waith a thrafferth i bawb yn y pen draw.

A hynny a roddodd fod i 'Bachlwyth cachlwyth'. Nid yw bellach yn gyfyngedig i'r cae gwair. Caiff ei ddefnyddio i ddisgrifio unrhyw lwyth neu bentwr blêr sy'n ormod o goflaid, tebyg i

Llwyth dyn diog.

Mae'r odl yn ffordd o sicrhau bod y dywediadau'n aros yn y cof a'r cynghorion yn cael eu dilyn, megis

Y sawl a wasg yn dynn a olch yn wyn

neu

Wrth gicio a brathu mae cariad yn magu.

Mae'n arbennig o wir am y rhai sy'n sôn am y tywydd:

Ci yn pori porfa
Ni bydd yn hindda.

Gwynt o'r de
Glaw cyn te.

Dyfais arall a ddefnyddid oedd cyseinedd (sef cyfatebiaeth rhwng dechrau'r geiriau) ac ailadrodd geiriol megis

Ffwrn dân, ffwrn dun.

Ffwrn dun yw'r ffwrn fach a ddefnyddid yn y de-ddwyrain i grasu teisen lap neu i ddigoni cig moch ac wy. Mae'n anodd iawn ei disgrifio – roedd hi'n debyg i babell betryal a thun yn ei gwaelod i ddal y deisen. Os taw cig moch ac wy oedd y saig, roedd yr wyau yn y tun a'r cig moch yn hongian oddi ar y bachau uwchben, a'r saim a ddiferai oddi arno oedd yn ffrio'r wyau. Doedd y ffwrn dun ddim y peth hawsaf i'w ddefnyddio. Dyna a glywais, beth bynnag. Roedd rhaid ei rhoi mor agos ag y gellid at fariau'r tân er mwyn crasu'r bwyd. Ond ei gwendid mawr oedd mai tun tenau oedd ei gwneuthuriad, a gallai boethi'n enbyd a llosgi'r deisen. Dyna sut y daeth 'Ffwrn dân, ffwrn dun' i fod. Ond bu rhai o wŷr Morgannwg yn ddigon llygadog i weld deunydd rheg ardderchog yn hwn, a phob nos Sadwrn yn ochrau Llangynwyd, clywid rhyw hen gymeriad yn mynd adref yn ei ddiod yn rhegi gan ei anadl

Yffarn dân, ffwrn dun.

Ceir yr un ailadrodd geiriau yn

Henach, henach, ffolach, ffolach;
Dwl dwla, dwl hen;
Dwl hen yw'r dwl dwla neu
Dyla dwl, dwl hen.

Yn Ffair-rhos, mae ffordd fwy lliwgar o ddisgrifio rhywun eithriadol o ddwl, sef

Mae'n ddigon dwl i gario fflag o flân gŵydd.

Rhaid bod cof yn yr ardal am yr arferiad o ddyn yn cario baner fechan goch yn cerdded o flaen y ceir modur cyntaf, a'r arfer lawer hŷn o gerdded gwyddau i'r farchnad, ac uno'r ddau i greu'r ymadrodd cofiadwy hwn. Ond gwaith digon di-fudd yw ceisio dadansoddi'r hyn sy'n peri i ddywediad aros yn y cof a deddfu mai'r odl sy'n bwysig yn y naill a chyseinedd neu ailadrodd yn y llall. Un nodwedd bwysig sy'n gyffredin i lawer ohonynt yw cydbwysedd y frawddeg. Mae hyn yn wir am

Glân wasgad, glân olchad

a gafwyd yn sir Aberteifi. Enghreifftiau eraill o'r un peth yw

> **Gwaith i bawb, gwaith i neb;**
> **Daw Awst, daw nos;**
> **Hir garu, byr oesi.**

Mae'r rhain mor dwt a chofiadwy. Un pwynt arall, er, fe all fod mai teimlad personol yn unig yw hyn. Byddaf bob amser yn meddwl bod pobl yn gwneud mwy o sylw o ddywediadau ac arnynt naws y Beibl. Rhai megis

> **Y drwg ei hun a dybia arall;**
> **Yr ynfyd a gân wrth ei fwyd;**

neu

> **Yr euog sy'n ffoi heb ei erlid.**

Cymharer yr olaf â'r hyn a geir yn Llyfr y Diarhebion 28.1, sef

> **Yr annuwiol a ffy heb neb yn ei erlid.**

Mae'r ddwy enghraifft nesaf yn rhai urddasol iawn a'r un neges sydd ynddynt. Unwaith i chi ddechrau ar y llwybr llithrig, mae'n anodd peidio:

> **A ddwg wy a ddwg fwy**

ac

> **A ddwg yr oen a ddwg y ddafad.**

Roedd un nodwedd amlwg ar gi, medden nhw. Yn sir Gaerfyrddin, dywedir am rywbeth disglair ei olwg ei fod

> **yn shino fel pwrs milgi ar houl** (haul).

Dywediad a glywir yn gyffredin wrth sôn am rywun sy'n taenu anwireddau ac yn dweud pethau ffôl am bobl eraill yw

O, fe ddaw e 'nôl fel ci at ei chwdfa.

Dyma'r ddihareb fel y'i ceir yn Llyfr y Diarhebion 26.11:

Megis y mae ci yn dychwelyd at ei chwydfa, felly y mae y ffôl yn dychwelyd at ei ffolineb.

Y rhybudd yw bod pobl sy'n dweud ac yn gwneud pethau ffôl yn gorfod wynebu eu pechodau ryw ddydd.

Arddull y dywediadau

Soniais eisoes am y nodweddion hynny a all wneud dihareb neu ddywediad yn gofiadwy – odl, cyseinedd, ailadrodd, a chydbwysedd y frawddeg. Hoffwn drafod ymhellach nifer o bwyntiau eraill sy'n ddiddorol ac yn ddifyr o ran eu hiaith a'u harddull.

Heddiw, mae'n beth digon cyffredin ym myd addysg ac mewn rhaglenni teledu i blant i wneud i goed ac anifeiliaid, tractorau a pheiriannau eraill siarad, a thrwy hynny fagu personoliaeth, ac mae gwrthrychau mud yn troi'n bersonoliaethau llafar. Sylweddolais yn sydyn ryw ddiwrnod fod hynny wedi digwydd yn nywediadau'r Gymraeg hefyd. Dyma enghraifft amlwg o hynny:

'Cadwch fi rhag boddi, cadwaf fy hun rhag rhewi.'

A phwy sy'n siarad? Yr eginyn gwenith. Mae'n debyg na ddylid hau gwenith ar dir gwlyb. Gall y wenithen ddal tywydd caled a rhew yn dda iawn ond mae dŵr yn pydru'r gwreiddiau.

Mae'r enghraifft nesaf yn f'atgoffa o'r cardiau post comig a welir mewn trefi glan môr. Mae'r darlun cartwnaidd yn dangos merch yn cerdded gan blygu ymlaen rywfaint o'r wasg, a'i phen ôl yn dilyn ryw lathen y tu ôl iddi. Byddai'r geiriau o dan y darlun yn darllen fel hyn:

Mae 'mhen i'n gweud, 'Daw 'nhin i fory.'

Nid ar gerdyn post y cefais i nhw, ond gan wraig ym Mlaenpennal, wrth ddisgrifio'r math yna o gerddediad.

Mae'n digwydd hefyd mewn disgrifiadau o bobl. Mae'r Monwysion yn arbenigwyr yn hyn o beth. Dyma'u disgrifiad o ddyn gofidus, fel petai mewn cyfyng-gyngor:

Golwg 'Be wna i?'

fyddai arno. Eu disgrifiad o ddyn mawreddog, hunanfoddhaus fyddai

Hen 'welwch chi fi?'.

Pan aiff amser yn drech na rhywun, a hithau'n ben set ar y siaradwr, yna

Mae'n **'hwyr, rhed'** arna i.

Yr enghraifft nodedig yn y de yn lled gyffredinol, wrth drafod rhywun sydd â thipyn o feddwl ohono'i hun ac sy'n gwisgo er mwyn dangos ei hunan, yw bod

tipyn o 'shwd-y'ch-chi-heddi' ynd[d]o fe.

Ond yn ddiweddar iawn, cefais ddywediad o Frynaman, sir Gaerfyrddin am rywun sy'n meddwl y gall e wneud popeth yn well na phob un arall:

Fe bia'r bat, fe bia'r bêl, a fe sy'n talu am y ffenest.

Gellir dweud bod ganddo'r offer iawn i chwarae'r gêm, ond os digwydd iddo dorri'r ffenest wrth chwarae, fe sy'n gyfrifol am dalu am yr un newydd hefyd. Os yw rhywun am fod yn feistr ar bob peth, mae'n rhaid iddo hefyd fod yn atebol am y canlyniadau.

Enghraifft gyffredin o bersonoli hwyliau dyn yw'r enwau niferus a geir ar ddiogi, fel y rhai a gefais yn sir Aberteifi, sef 'Charli', 'Llwyd', 'Mister Llwyd', 'y gŵr llwyd' ac mewn enghreifftiau fel

Mae Mister Llwyd ar ei gefen heddi.

Wrth gwrs, mae llawer o'r diarhebion mewn iaith glasurol, ond cânt eu hynganu yn ôl rheolau'r dafodiaith leol, ac felly ym Morgannwg clywir

Os yn Ionor tyf y pawr
Trwy'r flwyddyn wetyn tyf a (sef ni thyf ef) **fawr.**

Ym Morgannwg, dywedir:

Yr [h]wch fud a fyt y sw[ê]g i gyd,

ac yn sir Benfro

Yr hwch fud a fyt y swêg i gyd.

Ond ceir ambell un lle mae'r dafodiaith yn nodwedd hanfodol ohoni, megis

Hanner Mowrth a hanner Medi
Dydd a nos [y]r un hyd â'i gily[dd].

Ni all y ddwy yna odli ond yn nhafodiaith sir Benfro a de sir Aberteifi. Felly hefyd

Jogi, jogi, gad fi'n llony[dd]
Codaf gyda'r wawr yfory

lle mae Jogi (Diogi) yn gymeriad y gall y cysgadur neu'r dyn diog fargeinio ag ef yn y ddrama. Dyma fersiwn arall:

Jogi, jogi, gad fi'n llony[dd]
Gei di geinog [gy]da fi fory.

Ceir enghraifft dda o'r odl fewnol yn sir Fôn:

Drwgdybus, drwg eisus (eisoes).

Cymharer ag

Y drwg ei hun a dybia arall,

a'r ddwy enghraifft yn awgrymu mai yn llygad yr un sy'n gweld y bai y mae'r brycheuyn.

Yn Synod Inn, sir Aberteifi, mae chwarae pert ar eiriau yn

Mae pryd o eisin yn well na phryd o eisiau.

Mae hyd yn oed y weithred o gnoi'r plisg neu'r eisin sydd ar ôl wedi malu'r grawn, er nad oes unrhyw faeth ynddo, yn twyllo'r bola i gredu ei fod yn derbyn bwyd.

Rwy'n reit hoff o batrwm y ddwy enghraifft nesaf a gaiff eu defnyddio heddiw yn sir Aberteifi pan na fydd plant yn gwneud cystal yn eu harholiadau ag y mae eu rhieni'n ei ddisgwyl, dyweder. Mae'r rhai hirben sy'n nabod y teulu ers cenedlaethau yn esgusodi'r plant ac yn awgrymu mai yn y gwaed mae'r diffyg:

Os cregyn gwag fydd yn y sach, cregyn ddaw allan, bobol bach

ac

Os tatw mân fydd yn y sach, tatw mân ddaw allan, bobol bach.

Yn yr un ardal, yn yr un math o sefyllfa, ceir

Alli di ddim cal dim o gwpa[n] ond be sy yndo fe.

A dyna ddiwedd ar y ddadl.

Mae rhai dywediadau'n gyfuniad o Gymraeg a Saesneg. Yn sir Fôn, er enghraifft, pan fydd merch yn teimlo'n ddiflas ac am rannu cyfrinach, gall yn hawdd dweud, 'Mi fydda i'n licio mynd adra at Mam

to say tywydd.'

Ceir yr un ystyr i'r gair 'tywydd' yn ne Sir Aberteifi:

Mae **tywydd** am rywun o hyd

sef helynt, tipyn o sôn a siarad. Dywedir hefyd mewn ysbryd o gydymdeimlad bod rhywun

wedi gweld tywydd.

Yn sir Fôn, mae

Mi gafodd dipyn o **dywydd mawr** neithiwr

yn golygu llond bol o gwrw, yn ôl yr olwg sydd arno, beth bynnag. Yng nghymoedd y de, pan fydd rhywun yn rhagweld y bydd rhaid iddo roi cyfrif ohono'i hun, mae'n dueddol o ddweud

Ga i 'ngalw i *come to*, gewch chi weld.

A dwy enghraifft o'r cymoedd diwydiannol a ddechreuodd fel jôc, am wn i, sef

wedi *went*

am rywbeth a gollwyd neu a aeth i ebargofiant, a

gweddol *a bit*

am ryw hwyliau canolig ar berson.

Yn Llangynwyd, Morgannwg, cefais ffordd o ddweud sy'n unigryw yn fy mhrofiad i, sef

Ananodd yw twyllo hen geffyl.

Er imi holi'n daer, roedd y siaradwr yn hollol gadarn taw 'ananodd', ac nid 'anodd', a gâi ei ddweud. Pwrpas y sillaf ddechreuol, felly, oedd cryfhau'r ystyr. Pan ofynnais iddo unwaith eto er mwyn i'r ddau ohonom fod yn hollol sicr, ei ateb cadarn oedd

Am otw!

lle mae 'am' yn cryfhau'r ystyr.

Rwy am gyfeirio nawr at un a'm syfrdanodd pan glywais hi gyntaf. Yn ôl doethineb y diarhebion, ychydig iawn o wahaniaeth sydd rhwng ennill a cholli, oherwydd gall yr hyn a enillir heddiw droi'n golled fory, a'r sefyllfa felly'n cael ei gwastatáu.

Dyna fy ymgais glogyrnaidd i egluro'r hyn a fynegir yn Llansamlet fel

Ennill mi-aw a cholli mi-a.

Yn yr enghraifft hon, dim ond un sain neu un llythyren o wahaniaeth sydd rhwng dau hanner y dywediad. Nodwyd hon yng nghasgliad J. G. Evans, Rhydychen, 'Casgliad o Ddiarhebion Cymreig' yn *Trafodion Eisteddfod Genedlaethol Lerpwl*, 1884 fel

Ennill 'mi-hw' a cholli 'mi-ha'.

Ffordd arall, fwy syber, o ddweud hynny yn Llŷn yw

Ennill ar y menyn a cholli ar y caws.

Mae angen llefrith ac amynedd i wneud y ddau beth. Ond weithiau ar y farchnad, ceid mwy o arian am y menyn nag am y caws. Gwelir yr un clyfrwch meddwl yn y dywediad dwyieithog mwy cyfoes

Beth yw *just* o flaen *justice*?

Ar ôl bod yn esgeulus neu'n ddiofal, mae'n rhwydd hel esgusodion a dweud 'fûm i bron â …', 'fues i jest â …' ond thâl esgusodion ddim mewn llys barn. Yn sir Aberteifi, ganrif yn ôl, roedd plant yn gyfarwydd â chael eu ceryddu â'r ddihareb honno.

Mae'r enghreifftiau nesaf yn fwy cartrefol. Roedd ffrind o Dre-boeth, Abertawe, yn sôn am brynu sgert newydd ac yn canmol stoc y siop. 'Oedd llawer o ddewis yna 'te?' oedd fy nghwestiwn i. A'i hateb oedd

'O'dd 'da nw **bob siort a siort arall.**'

Mae disgrifio creadur nad yw yn perthyn i'r naill ryw na'r llall fel

Mihifyr mihafar, dim bwch na gafar

yn ddigon cyffredin. Chlywais i ddim o'r rhan gyntaf yn sir Benfro. Yno dywedir

Dim poer na drifil.

Yn ddiweddar, clywais fod pobl Llansamlet yn disgrifio person a chanddo'r un math o dueddiadau'n

Hi-fe.

Yn y de, mae gŵr bonheddig sy'n addo popeth ond yn cyflawni dim yn

Siôn Addewid

ac yn y gogledd

Siôn Gaddo.

Ceid sbri mawr yn y de-ddwyrain wrth lafarganu

Y sawl a gwnnws a gollws ei le,

gan ychwanegu

Y sawl sy ynddo'n gneud fawr og (aȝ) e.

Yr amrywiad arno yw

Y sawl gwnnws gollws ei le
Y sawl ēth iddo nēth fawr og e

wrth weld rhywun mewn oed yn codi o'i gadair a phlentyn fel arfer yn neidio iddi ar unwaith, yn enwedig cadair fawr Dad-cu. Ond gallai Dad-cu ateb 'nôl yr un mor sydyn:

Elech chi mywn i 'nghoffin i mor glou?

Wn i ddim a oedd hi mor boblogaidd yn sir Fôn ond dyma'r fersiwn a geir yno:

Y sawl a godith gyll ei le
Dyna ffasiwn hogia'r dre.

Y diarhebion

Mae pob un ohonom yn gwybod yn reddfol, bron, beth a olygir wrth y gair 'dihareb', ond mae ceisio'i ddiffinio'n foddhaol yn dasg anodd. Yn ei hanfod mae dihareb yn cyfleu rhyw wirionedd neu ddoethineb sy'n gyffredin i bawb mewn ffordd gryno, gofiadwy. Gwna hyn naill ai trwy fynegi'r gwirionedd mewn arddull fachog neu drwy ddefnyddio delwedd drawiadol. Yn ôl Solomon yn y Beibl, fe'i defnyddir 'I roi callineb i'r angall, ac i'r bachgen wybodaeth a synnwyr.' A dyna i chi ddweud go fawr. Hoffwn nodi ychydig o enghreifftiau cyn symud ymlaen, megis

> **Nid ar redeg y mae aredig;**
>
> **Da yw dant i atal tafod;**
>
> **Dyfal donc a dyr y garreg**

ac

> **Afalau diweddar sy'n cadw.**

Ond ceir rhai sy'n gyffredin ar lafar ond na welir yn y casgliadau mawr, megis

> **Ffrind i bawb, ffrind i neb.**

Cafodd rhai eu defnyddio fel arwyddeiriau ysgolion, er enghraifft

> **Ni ddaw ddoe byth yn ôl.**

Arwyddair ein hysgol ni, Ysgol Lewis i Ferched, Hengoed, nad oedd yn ysgol Gymraeg, ac nad oedd llawer o Gymreictod yn perthyn iddi, er bod y Gymraeg i'w chlywed yn yr ardal ar un adeg, oedd

Ni ddychwel ddoe.

Gwnewch yn fawr o'ch cyfle heddiw yw'r ystyr, oherwydd ni ddaw byth yn ôl, ond wn i ddim a lwyddodd i sbarduno llawer ohonom. Pan ofynnais i 'ngŵr beth oedd arwyddair ei ysgol e, dywedodd mewn llais aruchel nad oedd angen arwyddair ar Ysgol Botwnnog yn Llŷn. Digon iddi hi oedd y sicrwydd iddi gael ei sefydlu yn 1616!

Ar ddechrau'r ugeinfed ganrif, roedd Crochendy Ewenni ym Mro Morgannwg wedi deall y busnes gwerthu cyn dyddiau'r teledu a'u hysbysebion bras. Dechreuon nhw addurno jwg neu fasn plaen trwy grafu dihareb arni: rhai megis

> **Llawer gwir goreu tewi;**
>
> **Digrif gan bob aderyn ei lais;**
>
> **Mae dod i blentyn a mynd i ddyn;**
>
> **Dwfr da Rhodd Duw;**

a

> **Tra môr, Tra Brython.**

Anaml iawn y byddaf yn dyfynnu o lyfrau, ond cefais flas mawr ar hunangofiant Gareth Edwards, y chwaraewr a'r sylwebydd rygbi byd-enwog, *Y Crwt o'r Waun*, a'i ddidwylledd wrth siarad am ei fagwraeth a'i yrfa. Dyfynnaf ohono:

> Mae Mam yn aml yn ei dagrau'n gweld Huw Bach [Huw Llewelyn Davies, a aned yng Ngwauncaegurwen hefyd] a fi gyda'n gilydd ar y bocs. Ac mae'r hen ddihareb siŵr o fod yn ei meddwl, **'er lleied mesen, hi ddaw yn dderwen.'**

Pan oedd Gareth yn eithaf ifanc, aeth cyn-athro ag ef i Lundain i brynu gwialen bysgota iddo, a byth ers hynny, mae e wedi cael blas anghyffredin ar bysgota, ac yn mynd yn ôl i'r un siop pan fydd angen gwialen newydd arno. Mae'n cydnabod ei hunan mai

Drwy ymarfer y perffeithir pob crefft.

Ar noson ar ddiwedd Mehefin 2012, pan gyhoeddodd David Cameron na fyddai'r Llywodraeth Doriaidd yn codi'r dreth ar betrol er iddynt fygwth gwneud hynny, bu newyddion Radio Cymru'n holi gyrrwr lorri o sir Gaerfyrddin, ac yntau'n dweud ei farn yn glir:

'Rwy'n ofni taw **mesen ym mola hwch** yw pido roi *tax* ar *fuel* heddi.'

Un peth sy'n ddiddorol i mi yw'r modd y mae rhai ardaloedd yn ychwanegu at nifer o'r diarhebion gwreiddiol. Enghraifft ddifyr o hynny yw'r un a ddefnyddir yn aml i danlinellu teyrngarwch teuluol, yn enwedig pan gaiff rhywun gam,

Mae gwa[e]d yn dewach na dŵr, ac fe ferwith ynghynt,

hynny yw, mae rhywun yn fwy tebyg o wylltio os gwneir cam â pherthynas.

Tybia ardal yn sir Aberteifi nad

Yr hen a ŵyr a'r ifanc a dybia

yw hi rhagor, ond

Yr hen a ŵyr a'r ifanc a ŵyr y blydi lot.

Yn yr enghreifftiau nesaf, y ddihareb draddodiadol yw

Ym mhob pen y mae piniwn

a gall fod yn osodiad reit rwysgfawr o'i ddweud mewn ffordd arbennig. Ond mae gwŷr sir Fynwy'n newid y cywair drwy ychwanegu

ond yn ambell i ben mae rheswm.

Dihareb sir Gaerfyrddin yw

**Ym mhob pen y mae piniwn
Ond mae dou yn ymell** (ambell) **un.**

Enghraifft arall o hyn yw'r atodiadau a geir at

Gwell dou ben nag un.

Yr ystyr yw, pan fydd rhywun mewn penbleth, mae'n dda ganddo gael barn rhywun arall gan fod dau berson yn debycach o ddatrys y broblem nag un. Mae pobl Aberaeron, sir Aberteifi, yn dewis rhoi naws ysgafnach i'r gosodiad:

Gwell dou ben nag un – sen nw ddim ond dou ben penbwl.

Mae gwŷr Cwm-bach, sir Gâr, yn newid ystyr y gwreiddiol ac yn aberthu'r ffurf gryno dwt drwy ei haddasu i ateb y sefyllfa deuluol:

Gwell dou ben nag un – ond wrth y dorth.

Yr un yw meddwl pobl Porth-y-rhyd yn yr un sir, wrth ychwanegu

– ond pan fo'r bwyd yn brin.

Yr enwocaf ohonynt i gyd efallai yw

**Gwyn y gwêl y frân ei chyw
Er bod ei lliw yn loywddu**

neu

er dued yw ei lliw.

Hynny yw, pa mor ddrwg bynnag yw'r plentyn, mae ei fam wastad yn codi ei lawes ac yn ei gefnogi. Y ddifyrraf ohonynt i mi, beth bynnag, yw

Mae brân i bob brân.

Mae pobl sir Gaerfyrddin wedi bod yn graff iawn wrth ddarllen arwyddion yr amserau a'u dihareb gyfoes nhw yw

Mae brân i bob brân sy'n crawcian.

Gwnewch ddigon o sŵn a chreu ffwdan i bobl eraill ac fe gewch ymateb yw'r ystyr. Mae meddyliau pobl Môn yn mynd i'r un cyfeiriad:

Mae brân i bob brân
A dwy i frân front.

Fe'i defnyddir yn ddi-feth yng nghyd-destun caru a phriodi er sbri mawr i rai sylwebyddion.

Mae'r hyn a ddywedwyd unwaith fel jôc wedi troi'n stori fer a adroddir bob tro y clywir y ddihareb wreiddiol. Dyma stori Ffair-rhos:

Mae brân i bob brân – ond wir Dduw, mae Wil 'y
mrawd wedi cal cwdihŵ.

Ym Mhren-gwyn, sir Aberteifi, hen ferch sy'n myfyrio ar ei stad ddibriod:

Mae brân ar gyfer bob brân – pwy ddiawl sy wedi
saethu'r hen frân sy ar 'y nghyfer i?

Stori a gefais gan wraig ym Mlaenpennal, eto yn yr un sir, yw hon: pan oedd yn ferch ifanc ac yn poeni nad oedd ganddi gariad, dyma ryw ŵr bonheddig yn ei chysuro trwy ddweud wrthi, 'Cerwch i'r gwely, 'merch i, a chysgwch yn dawel, oherwydd

> Mae brân i frân y dyffryn
> A Siân ar gyfer Sioncyn,
> Ac os oes rhywun i gael rhyw garp
> Ma Huwcyn larp i rywun.'

Yr un yw ystyr 'carp' a 'llarp', ac awgrymir y caiff rhywun, hyd yn oed yn ei garpiau, afael yn rhywun sy'n ddigon tebyg iddo ef ei hunan, rywbryd. Ond yn Llangeitho, nid amrywiad ar yr un stori a geir ond un gwbl wahanol:

> **Mae rhyw hwrdd caglog ar gyfer pob hesben ffislog.**

Hynny yw, mae rhyw ddyn salw ar gyfer pob menyw salw. Mae golwg ofnadwy ar hwrdd pan fydd ei gnuf yn gaglau i gyd, ond fe gaiff hyd yn oed yr hwrdd mwyaf diolwg hen ddafad hesb yn gwmni. Ymddengys nad oes neb yn hollol siŵr o union ystyr ffislog; mae sŵn y gair yn rhoi awgrym teg.

Dyma un arall o fyd yr anifeiliaid. Mae'n berffaith o ran ffurf. Ond ydy hi'n hen neu'n un a luniwyd gan rywun o'r ardal mewn ymateb i nifer o helyntion lleol? Roeddem yn y Theatr Newydd, yng Nghaerdydd, flynyddoedd yn ôl, a thrydedd act yr opera *Pelléas et Mélisande* gan Debussy newydd ddechrau, a'r gynulleidfa'n awchu am wrando, pan ganodd y larwm tân. Aeth pawb allan i'r nos a chrynhoi mewn grwpiau bach ffwdanus, a phob un yn ceisio dyfalu. Wrth inni sefyll, dyma ffrind yn dod o rywle'n llawn sbri. 'Glywaist ti oglau mwg?' meddwn i wrthi. 'Naddo i,' meddai,

> **'A gais foch gwich a glyw.'**

Yn ardal Aberteifi, sef ei man genedigol hi, roedd mochyn yn dianc o rywle o hyd, a phawb yn gorfod mynd allan i chwilio amdano. Er i rywun glywed ei wich fan hyn a fan draw, a phawb wedyn yn ceisio dilyn y sŵn, ni allai neb gael hyd iddo. Felly y bu hi'r noson honno hefyd, ac yn ôl y cawsom fynd.

Mae geiriad ambell ddihareb yn newid er bod ffurf a delweddau'r frawddeg yn ddigon trawiadol. Er enghraifft, mae

Angel pen ffordd a diawl pen pentan

yn ddweud digon cyffredin i ddisgrifio gwraig sy'n hyfryd ei ffordd at bobl ddieithr ond yn hen jarffes ar ei haelwyd ei hunan. Mae'r wraig yn troi'n

Ladi pen [h]ewl a diawl pen pentan

yn Llangynwyd, Morgannwg, ac yn

Mêl pen hewl a diawl pen pentan

yn Ysbyty Ystwyth, sir Aberteifi.

Ond beth am hon? Nid amrywiad ar y gwreiddiol yw hi, ond ffordd arall o ddweud yr un peth. Doeddwn i ddim yn meddwl y byddai'n bosibl gwella ar

Pen punt a chynffon ddimai

(i roi'r fersiwn barchus) i ddisgrifio person sydd wedi gofalu gwisgo'n smart iawn ond sydd wedi anghofio newid ei sgidiau efallai, a'r rheiny'n dyllog, neu wrth sôn am unrhyw wrthgyferbyniad erchyll. Ond mae

Het silc ar ben Padi

bron yr un mor drawiadol imi (roedd Padi'n golygu Gwyddel yn wreiddiol, ond gall olygu unrhyw grwydryn). Yn ardaloedd Hirwaun a Chastell-nedd ym Morgannwg, dywedir

[H]et focs a sgitsha gwaith.

Mae

Satan yn ceryddu pechod

neu

Satan yn cosbi pechod

yn ddihareb, fel llawer o rai eraill, sy'n digwydd yn Saesneg,
yn Eidaleg ac mewn ieithoedd eraill hefyd, a'i hystyr yw bod
dyn yn ceryddu dyn arall am drosedd y mae ef ei hun yn euog
ohoni. Yr un yw ystyr

Pentan yn gweiddi parddu

ond fe fuaswn i'n tybio fod

Satan yn crio parddu

yn erthyliad bron, a ddaeth i fodolaeth trwy groesi dwy
ddihareb wahanol o'r un ystyr. Fersiwn Gwalchmai, Môn yw

Diawl yn gweld bai ar ei bechod.

Mae clywed bod rhywun

yn gwneud melin ac eglwys

o sefyllfa'n gyffredin, ac yn y wlad roedd y felin a'r eglwys yn
bwysig iawn, ond yn Ffair-rhos, ychwanegodd rhyw hen foi
ato. Roedd yntau'n gapelwr, debyg iawn, a ddim am weld y lle
pwysig hwnnw'n cael ei anwybyddu, oherwydd yn y pentref
hwnnw, mae rhywun uchel ei gloch

**yn gwneud melin ac eglwys, a chapel bach wrth ei
gwtws.**

Nid yw'r enghraifft nesaf yn ddihareb o gwbl, ond mae'n
ddweud cyffredin, ac mae gan bob ardal ryw amrywiad arno.
Am ei bod yn ail natur inni ddweud diolch, mae wedi magu
cynffon mewn rhai ardaloedd:

**Diolch yn fawr am y pryd hyn, ta pryd gewn ni'r pryd
nesa;**

**Diolch am yr hyn a gawd, er mor ychydig o'dd e'n dda
gythreulig.**

Dyma fersiwn arall a glywais am y tro cyntaf yn ei chrynswth
mewn cinio Gŵyl Ddewi'n ddiweddar gan wraig o sir Gâr yn
enedigol:

**Diolch am yr hyn a gawd,
Fe gawd ond ychydig.
Ond yr ychydig a gawd
Roedd yn dda ddiawchedig.**

Er mwyn difyrru plant, ychwanegwyd odl

**Diolch yn dalpe
Bara cinoge.**

**Diolch yn dalpe
Thenciw garnedde.**

yn sir Aberteifi, ac yng Nghwm Tawe. Yn wreiddiol, man claddu
oedd carnedd, ond heddiw mae'n ymddangos fel pentwr o
gerrig hynafol. Dengys mor fawr yw eu diolchgarwch.

**Diolch yn fawr
Hyd y llawr,**

meddai eraill.

Cwdyn y saint

Mae ymhél â diarhebion natur a'r tywydd yn gwneud i chi sylwi'n fanylach ar yr arwyddion sydd o'ch cwmpas yn hytrach na'u gweld wrth fynd heibio (dylwn nodi yma nad yw'n fwriad gennyf drafod arwyddion tywydd yn y llyfr hwn: mae digon wedi ei ysgrifennu'n safonol amdanynt eisoes, gan Twm Elias yn arbennig). Digwyddais i sylwi ryw flwyddyn fod y ddraenen wen a'r eithinen yn drwm o flodau. Holais a oedd arwyddocâd arbennig i'r ddwy ffaith yma, ond holi dros ysgwydd yr oeddwn, a doedd neb fel petaen nhw'n gwybod. Ond yn ôl gwraig o Fenllech, Môn, mae drain gwynion llawn yn rhagfynegi newyn yn y wlad. Yr un wraig a eglurodd yr hen gred fod llawer o flodau ar yr eithin yn golygu llawer o blant siawns, a dyma ei dywediad hi sy'n adlewyrchu'r gred honno,

Pigiad y melyn a glwyfa'r plentyn.

Pigiad y melyn yw pigau'r eithin, a gallai'r ffaith ei fod yn anghyfreithlon glwyfo'r plentyn cymaint â'r fam. Fel yna yr oedd yr hen gymdeithas, ac yn y cyfnod hwnnw, gallai'r fam orfod derbyn y gwarth o gael ei diarddel o'r capel.

Cefais nifer o ddywediadau Beiblaidd yn Ffair-rhos. Un diwrnod pan alwais yno, roedd gwraig y tŷ'n gwisgo ffedog lân, felen ac yn edrych yn heulog iawn. Pan dynnais sylw at bertrwydd y ffedog, dyma'i hymateb: 'Hon?' meddai.

'Mae hon **fel dillad y Genedl**. Does dim diwedd arni.'

Disgrifiad cyffredin oedd hwnnw am bilyn oedd yn hen ond yn para'n ddim gwaeth na newydd. 'Y Genedl', wrth gwrs, yw'r Israeliaid ar eu taith drwy'r anialdir i'r wlad oedd yn llifeirio o laeth a mêl. Dyma'r geiriau a geir yn Deuteronomium 8. 4:

'Dy ddillad ni heneiddiodd amdanat, a'th droed ni chwyddodd, y deugain mlynedd hyn.' Byddai hi hefyd, rwy'n siŵr, yn dilyn yr hen ddihareb oedd ym Morgannwg:

Parcha dy bilyn, fe barcha dy bilyn dithau.

Ni fyddai hi'n derbyn yr athroniaeth

Pob peth newydd, dedwydd da.

Ffordd arall o awgrymu bod rhywbeth yn hen iawn yw dweud ei fod gan y person ers

pan oedd Adda'n grwt

neu

pan oedd Adda yn ei baish

neu fod rhywun

wedi'i chal hi ar ôl gwraig Adda.

Dywediad arall a gefais gan yr un wraig oedd

Mae defaid Jacob yn mynd i'r dŵr.

Yn Ffair-rhos, soniwyd am y cymylau bach gwynion, crynion a welir yn drwch yn yr awyr yn y gaeaf fel defaid Jacob, ac 'Mae'n siŵr o neud tywydd eira pan fydd defed Jacob yn mynd i'r dŵr'. Cymdeithas grwydrol oedd llwyth Jacob, yn mynd gyda'i diadelloedd o bwll dŵr i bwll dŵr, ac yn ôl llyfr Genesis, yr oedd yn ei braidd ddefaid 'mân-frith a mawr-frith'. Bellach, mae'n gyffredin gweld defaid Jacob ar lethrau Cymru ac yn sioe Llanelwedd bob blwyddyn. Rhai urddasol, hirgorniog, amryliw, yw llawer ohonynt.

Mae dehongliad Cadrawd, oedd yn gasglwr llên a llafar Morgannwg, ychydig yn wahanol. Mae e'n cofnodi bod cymylau'n uchel yn yr awyr yn ffurfio rhestrau gwynion, tenau fel cnufiau o wlân, yn rhagarwyddo glaw cyn trannoeth. Dyma a ddywedir ganddo:

Mae def[a]id Jacob yn mynd i gael eu golchi

wrth weld y cymylau, a phan ddaw'r glaw

Dyma ddef[a]id Jacob yn diferu ar ôl dod yn ôl o'r olchfa.

Enw pobl Llŷn ar y cymylau mawr gwynion sy'n hwylio drwy'r awyr yw

Esgobion Bangor

am eu bod, medden nhw, yn debyg i esgob boliog, bochiog, yn ei wenwisg. Maen nhw'n arwydd o law.

Yn Nantlle, sir Gaernarfon, wrth weld trŵp o blant yn dod ling-di-long, yn ddi-drefn ac yn ddiddiddordeb, neu ambell oedolyn a golwg ddiymgeledd arno, dywedir eu bod

fel cywion yr estrys.

Mae Job yn ei unigedd a'i hunllefau meddyliol yn ei weld ei hun 'yn frawd i'r dreigiau, ac yn gyfaill i gywion yr estrys'. Fel arfer, nid oes gan gywion yr estrys gyfeillion; mae eu mam yn eu gadael i gymryd eu siawns yn ifanc, ac nid oes ganddynt gartref i ddychwelyd ato. Wrth sôn am gosb Babilon, mae Eseia'n rhagweld dyfodol erchyll iddi 'a chywion yr estrys a drigant yno, a'r ellyllon a lamant yno'. Mae'r Salmydd wedyn yn ei gyfyngder yn ei gyffelybu ei hunan i belican yr anialwch. Felly hefyd wŷr Hirwaun pan fyddant yn ddigwmni. Maen nhw'n teimlo

fel pelican yr anialwch.

Gwers bwysig a ddysgais yn sir Fôn oedd peidio â dehongli dywediad neu ddihareb heb adnabod y dafodiaith yn gyntaf.

Mae'n rheol mor elfennol fel na ddylai fod rhaid ei datgan, ac eto rwy'n ymesgusodi trwy ddweud nad oes blas tafodieithol ar y ddihareb o gwbl. Dyma hi:

Lle bydd camp bydd rhemp.

Wrth weld y geiriau mewn print, penderfynais mai ystyr rhemp oedd gormodedd, a bod hyn yn cydweddu â'r syniad fod gŵr athrylithgar yn aml yn afradlon. Ond yn Nhynygongl, Môn, y cefais yr esboniad cywir. Ystyr rhempio yn iaith Môn yw lladd ar rywun, neu ddweud yn hallt amdano, ac felly gwir ddehongliad y ddihareb yw 'lle bo disgleirdeb fe geir eiddigedd'. Yn Nhynygongl hefyd y cefais y dywediad nesaf, a barodd imi ryfeddu unwaith eto:

[Ni] fydd ei fenig o ddim gwynnach.

Fe'i dywedir am berson digon cas ei natur sy'n lladd ar bobl eraill, ac yn edifarhau gan geisio unioni'r cam. Ond mae'n rhy hwyr. Mae'r niwed wedi'i wneud, ac yntau'n dal yn ddyn cas yn y bôn, ac er gwaethaf ei holl ymddiheuriadau, ni fydd ei fenig ddim gwynnach. Ddiwedd y bedwaredd ganrif ar bymtheg, sonnid am Gymru fel gwlad y menig gwynion, oherwydd pan gynhelid brawdlysoedd yma, yn aml ni cheid yr un achos gerbron, ac ar yr achlysuron hynny cyflwynid pâr o fenig gwynion i'r barnwr. Mae'n anodd credu bod hynny'n wir, ond yn sicr, mae'r esboniad yn llwyddo i gysylltu'r dywediad â'r arfer. Yn yr enghraifft nesaf, cyplysaf ddau ddywediad, sef

Dwyn cath ond prynu ci

o sir Fôn, a

Cath i dŷ a chi i deulu

o sir Gaernarfon, sy'n gyngor doeth i unrhyw un sydd ag awydd cael ci neu gath. Dywedir bod teyrngarwch cath i'r adeilad ond teyrngarwch ci at ei berchennog. Mae ci'n hoffi cwmni ond mae'r gath yn greadures annibynnol. Mewn rhaglen deledu ddiweddar, rhoddwyd *micro-chip* a chamera am yddfau cathod oedd ganddynt sawl cartref a theulu, a daeth yn amlwg bod pob un teulu'n argyhoeddedig taw nhw oedd berchen y gath. Mae'n ddigon hawdd mabwysiadu cath strae dim ond iddi gael bwyd a chysgod pan fydd eu hangen, ond mae'n amhosibl dwyn ci, am y bydd ef yn ddi-ffael yn cael hyd i'r ffordd adref.

Nodwedd arall ddiddorol yw'r enwau lleoedd a grëwyd i osgoi'r gwir mewn ambell ardal. Yn Edeirnion, sir Feirionnydd, pan fydd hi'n fain ar deulu, maen nhw'n

mynd i Lety'r Glem

sef clemio, neu lwgu. Yn Nhynygongl ceir 'Oni bai am y gyrnen datws yn rar' (pentwr o datws yn yr ardd wedi eu gwarchod rhag rhew),

mi fyddai'n Llanllwgu arnon ni'.

Ys gwetws

Pan ddechreuais gasglu ymadroddion yr iaith lafar yn Nhregaron, sir Aberteifi, es i ofyn cyngor Miss Cassie Davies, oedd yn arolygydd ysgolion ar y pryd ac yn un a aned yno ac a fu'n byw yno erioed. Roeddwn i eisoes wedi casglu mewn pentrefi eraill yn sir Aberteifi ac wedi cael croeso mawr ganddynt. Ond fe gofiodd Miss Davies am fath o ddihareb oedd gan ei theulu hi, a rhoddodd hynny drywydd newydd imi, a chryn dipyn o sbort i bawb. Roedd ei diddordeb pennaf mewn clywed a oedd y ddihareb isod yn dal ar lafar. Erbyn i mi holi, yr oedd hi'n fyw yn yr ardal o hyd. Defnyddir hi pan fydd rhywun yn synnu a rhyfeddu at chwaeth person arall, yn aml wrth ddewis cymar! Dyma hi:

'Pob un â'i dast', ys gwedodd yr hen wraig pan gusanodd hi'r fuwch.

Mae'r enghreifftiau eraill a godais wedi tarddu o'i chwilfrydedd hi. Mae ffurf arbennig i'r ddihareb hon. Mae iddi dair elfen fel arfer: y gosodiad, pwy wnaeth y gosodiad, a beth roedd y person yn ei wneud ar y pryd. Cymharol ychydig sydd ym mhob iaith, fe ddywedir, a gallaf dystio'u bod yn ddigon anodd eu casglu. Nid pawb sy'n eu cofio. Ar un wedd, mae dywediadau o'r math hwn yn rhy astrus i fod yn gredadwy, ond rwy'n siŵr taw eu swrealaeth sydd wedi peri iddynt gael eu cofio o gwbl. Mae'r gosodiad fel arfer yn hen ddihareb, meddai rhai, ond mae'n well gen i'r gair gwireb yn yr achosion yma. Mae'r enghraifft gynharaf ohonynt yn y Saesneg yn dyddio o 1546. Yr un stori yw hi â'r un Gymraeg:

'Every man as he loveth', quoth the good man when that he kissed his cow.

Mae'n newid ychydig dros y canrifoedd, ac erbyn 1738 'the good woman' oedd yn cusanu'r fuwch. Ydy hynny'n awgrymu mai gwaith y wraig oedd gofalu am y fuwch erbyn hynny? Cofnodir 'Everyone to his taste' yn 1842 ond erbyn hynny mae'r darlun, yr hiwmor a ffurf gryno'r dywediad yn Saesneg wedi'u sarnu'n llwyr, gan ei bod yn parhau â'r geiriau 'as one might well say to any woman who pastured her cow there'. Mae'n bosibl iddi gael ei glastwreiddio i gydymffurfio ag agweddau oes Fictoria.

Mae term Saesneg yn cael ei arfer am y math yma o ddihareb erbyn hyn, sef 'Wellerisms'. Yn 1995 bathodd *Geiriadur yr Academi*'r term 'weleriaethau'. Haws gan eraill eu galw yn 'welerebau'. Y rheswm am yr enw yw bod Charles Dickens wedi ysgrifennu am Mr Pickwick a'i was Sam Weller yn yr *Evening Chronicle* a'u gwneud yn gymeriadau comig. Roedd Sam Weller yn aml yn siarad fel hyn. Ond mae'n haws gen i feddwl amdanynt yn y Gymraeg fel diarhebion 'ys gwetws'.

Wedi i fy nychymyg gael ei danio gan Cassie Davies, cofiais fod un o'r diarhebion hynod hyn yn fy nheulu i. Câi ei defnyddio'n lled aml wrth weld rhywun yn gwisgo pilyn newydd neu'n ceisio torri cyt ac arbrofi â ffasiwn newydd. Dyna a gawn i'n aml wrth imi geisio bod yn ferch ifanc ffasiynol. Ond sylwer ar un peth. Doedd fy nheulu i, a gafodd eu magu yn Sirhywi, ddim yn defnyddio'r 'ē' yn naturiol, a dynwared pobl Tafarnau Bēch, pentref ryw ddwy filltir i ffwrdd dros y ffin ieithyddol lle defnyddid yr 'ê', a wnaent:

'Mae'n well bod mēs o'r byd na mēs o'r ffasiwn', ys gwetws yr [h]en fenyw wrth y mwnci.

Er na chlywais neb y tu allan i'n teulu ni'n ei defnyddio, gwn erbyn hyn ei bod mewn sawl iaith a gwlad. Daw'r nesaf o Ferthyr Tudful, Morgannwg, sydd dros y mynydd o 'nghartref i:

'Mae pob dicyn bēch yn [h]elp,' ebe'r dryw bach amsar bishws 'i yn y môr.

Mae hon yn perthyn i diriogaeth ehangach, oherwydd cefais fersiwn arall arni gan wraig o Landeilo'r-fân, Sir Frycheiniog. Gall y prif gymeriad, yn ogystal â'r cafodiaith, newid o ardal i ardal. Yma ceir

'Mae pob dipyn bach yn help', 'run peth â'r hen lygoden fach yn piso yn y môr.

Mae Robin Gwyndaf mewn erthygl yn *Llafar Gwlad* yn dyfynnu ei dad yng nghyfraith. Yn Nyffryn Ceiriog, sir Ddinbych, roedd Golbourne Parry'n dyfynnu hyn fel anogaeth i weithredu:

'Mae pob dipyn yn help,' meddai'r hen wraig wrth biso yn y môr, pan oedd cwch ei mab yn sownd yn y tywod.

Yma, ceir elfen ychwanegol eto i'r ddihareb, sef pedwerydd cymal. Gallwch weld y darlun teuluol, a'r hen wraig yn rhedeg i helpu ei mab, ac yntau'n amau'n fawr a fyddai ganddi'r nerth i wthio dim. Gallai'r darlun o'r cwch yn sownd yn y tywod fod yn ychwanegiad mwy diweddar at y ddihareb wreiddiol. Ond pwy all ddweud?

Yr oedd un arall yn fy nheulu i. Daeth gyda fy hen dadcu, oedd yn enedigol o Rasa yn sir Frycheiniog, ac a ddaeth i Sirhywi i gael gwaith. Dim ond cerdded dros y mynydd oedd raid iddo. Yn ôl yr hanes, yr oedd yn dipyn o gymeriad. Mae'n bosibl mai dyna pam mae rhai teuluoedd, yn fwy na'i gilydd, wedi'u cadw, am eu bod hwythau hefyd yn gwerthfawrogi hiwmor darluniadol a chomig.

'Llawar o siort sy yn y byd', ys gwetws yr [h]en fenyw wrth y mwnci.

Dyna a ddywedai fy mam-gu wrthyf, dan chwerthin, pan welai fi yn fy arddegau'n gwisgo dillad lliwgar a oedd, yn fy marn i, yn rhai hynod ffasiynol.

Mewn ffynhonnell fwy diweddar, sef y we fyd-eang, mae rhywun o sir Fynwy'n cyfnewid yr hen fenyw am hen ddyn:

> **'Llawar o siort sy yn y byd', fel wetws yr hen ddyn wrth y mwnci.**

Coliar o Aberdâr, Morgannwg a ddywedodd y nesaf wrthyf am bobl oedd wastad yn cytuno â'i gilydd, boed hynny i gyd-fynd neu i dynnu'n groes. Roedd pobl oedd yn byw yn yr un gymdogaeth yn amheus iawn o rai felly. Gwyddent i sicrwydd y byddai pobl o'r fath yn ymateb yn yr un ffordd:

> **'Man nw'n bēr', ys gwetws y Diawl am ei geilla[u].**

Mae 'They are a pair!' yn gyffredin iawn yn Saesneg yr ardal ond ni chlywais erioed gynffon iddi.

Gan ffrind o Dre-boeth y cefais y nesaf. Dyma'u ffordd nhw o holi plentyn sydd wedi bod yn eistedd yn hir ar y tŷ bach: 'Wyt ti wedi cwpla?' Daw'r ateb:

> **'Nagw, meddwl wy[f]', ys gwetws y dyn pan bishws ei drwser.**

Gall yr ateb 'meddwl' greu ymatebion digon chwareus, megis

> **Meddwl nâth mochyn fod twll dyn [gy]dag e, ond twll mochyn o'dd e.**

Yma chwaraeir ar ystyr 'dyn' a 'tin'. Eto:

> **Meddwl nâth mochyn fod cwt** (cynffon) **i ga[e]l dag e, ond welodd e mono eriôd.**

Mewn rhai ardaloedd, dehonglir llais yr adar yn yr un ffordd. Yn y cyfnod pan fûm yn gweithio yn Amgueddfa Werin

Cymru, roedd cyd-weithiwr i mi c sir Gaerfyrddin, wrth weld ei hunan yn dechrau teimlo'n anghyfforddus o lawn, yn dweud,

'Mae'n bryd i fi **weiddi Cola** nawr.'

Roedd yn hollol ddieithr i bawb arall wrth y ford. Ond doedd gweddill y ddihareb ddim yn rhan o'i etifeddiaeth, sef

'Col,' medd y frân, pan gaffo hi ddigon.

Roedd fy nghyd-weithiwr wedi cyrraedd y man lle na allai ddim bwyta briwsionyn rhagor. Yn yr un modd y frân. 'Col' yw'r gronynnau pigog, sef barf yr ŷd, ar geirch a haidd yn arbennig, oedd yn brathu ei llwnc hithau hefyd; 'colier' wedyn oedd y peiriant pwrpasol at waredu'r colion wrth ddyrnu. Roedd y frân yn farus wrth lowcio'r hadau o'r dywysen a gallai'r eisin lynu yn ei chropa. Ond yn ôl y ddihareb fe wyddai hi pryd i roi'r gorau iddi. Yn Aberteifi, dywedir

'Tinddu,' ebe'r frân, pan gaffo hi ddigon

a

Cola, cola, hen frân fach.

Ni allaf fod yn hollol siŵr, ond rwy'n lled-gofio taw rhywbeth a ddywedid wrth blentyn oedd yn dueddol i stwffio bwyd i'w geg oedd hynny.

O sôn am frain, treuliais oriau lawer yng nghwmni Mary Thomas, Ffair-rhos, a'r ddwy ohonom yn cael mwynhad mawr a dyma'r un a gefais ganddi hi:

Beth wêd y frân fawr, fe wêd y frân fach, 'Cwâc, Cwâc'.

Mae

A gre'r vran vawr, a gre'r vran vechan

yn Llyfr Gwyn Rhydderch, yng nghanol y bedwaredd ganrif ar ddeg. Pwy a ŵyr pwy ychwanegodd 'Cwâc, Cwâc'.

41

Yn ogystal â'r rhai a gesglais oddi ar lafar fy hunan, gan fod y math yma o ddihareb mor brin penderfynais nodi'r rhai a godais o wahanol ffynonellau print hefyd yma. Felly dyma fersiwn Lyn Ebenezer, Ffair-rhos, yn *Y Cymro*, Gorffennaf 2007:

'Bob un â'i ffansi,' fel y gwedodd y ceffyl wrth gusanu'r mochyn.

Maen nhw'n codi gwên bob tro ac mae eu dieithrwch yn rhyfeddod. Mae'n stori werin ynddi ei hunan. Dywed rhai iddynt fod yn rhan o stori ar un adeg ac mai dyma'r unig beth sydd ar ôl ohoni.

Yng nghasgliad William Jones ('Bleddyn'), gŵr a aned ym Meddgelert yn 1829, ceir

'Tinddu,' ebe'r frân wrth y wylan, a hitha'n dinddu'i hunan.

Cyhoeddodd Myrddin Fardd fersiwn gyffelyb o sir Gaernarfon yn 1907, bron i ganrif yn ddiweddarach. Nododd O. H. Fynes-Clinton, a gofnododd iaith ardal Bangor, sir Gaernarfon, yr isod, heb y trydydd cymal, yn yr ardal tua 1913:

'Tinddu,' ebe'r frân wrth yr wylan.

Mae'r nesaf yng nghasgliad 'Gwernyfed', a godwyd yn ardal Merthyr Tudful, Morgannwg, ac a gyhoeddwyd yn *Y Genhinen* yn 1895, ond awgryma'r casglwr y gallai fod mewn ardaloedd eraill hefyd, gan i bobl o bob cwr o Gymru dyrru i Ferthyr. Mae hefyd yn sir Aberteifi:

'Man a man Shanco,' ebe Shân, 'waeth baw ne[u] bwdel'.

Yr unig wahaniaeth rhwng baw a phwdel yw fod pwdel yn wlypach na baw. Fersiwn symlach sydd yng Nghwm Tawe:

'Man a man Shanco' yw mynd gita'r [h]ewl a mynd trw[y]'r caea[u].

Sylwer fod Shân yn siarad yn uniongyrchol â Shanco. Erbyn hyn, mae'r ieuenctid sy'n heidio i'r brifddinas yn hoff iawn, mae'n ymddangos, o ddefnyddio'r dywediad

Man a man â Shanco.

Eto yng nghasgliad Gwernyfed y mae sôn am atsain, ond mae honno'n parhau'r sgwrs yn hytrach na'i hatseinio:

'Taw di.' 'Taw dithau,' ebe'r atsain.

Ac yn olaf o gasgliad Gwernyfed, un sydd ar yr un patrwm dau-gymal:

'Mae pob aderyn yn hoff o'i gerdd ei hun,' ebe'r frân.

Yng nghasgliad 'Bleddyn,' ceir

'Llefain mawr ac ychydig wlân,' ebe'r Diawl wrth gneifio'r mochyn.

Yn *Diarebion y Cymry,* casgliad y Parch. T. O. Jones ('Tryfan'), a gyhoeddwyd yn 1891 ceir

'Mi wn,' chwedl yr ysguthan wrth y bi(oden)

a

'Mi wn, mi wn,' fel ateb yr ysguthan.

Yr hynafiaethydd Evan Jones, Tyn-y-pant, Llanwrtyd, Brycheiniog (1850–1928) a gofnododd

'Fe ddaw tân pan gynno,' medd y llwynog ar ôl piso yn yr eira.

Yn ddiweddar, prynodd fy ngŵr gopi c *A Glossary of the Demetian Dialect* (1910) gan W. Meredith Morris i mi, ac yn y drysorfa honno y cefais

'Pob un ar ei ffens 'i hunan', ys dŵad y Diawl wrth ei fam.

Ond beth yw ei ystyr e? holodd fy ngŵr. Cwestiwn da, ond anodd ei ateb. Pob un yn byw drosto'i hunan, gallwn feddwl, ac er bod y diawl yn debyg i'w fam, mae am ymbellhau oddi wrthi.

Ac i orffen, dyma ddwy gyfoes: yn ein dyddiau ni, daeth 'Gwych!' yn ffordd o ganmol pob peth, er gwaethaf ei ddistadledd yn aml. Dyma greadigaeth Twm Elias:

> **'Ma fe'n wich,' fel fasa'r mochyn bach yn ddeud**.

Creadigaeth Wil Sam a gofnodwyd gan Myrddin ap Dafydd yn *Llafar Gwlad* 80 yw'r nesaf:

> **'Pawb drosto'i hun!' fel y dywedodd yr eliffant wrth ddawnsio'n y cwt ieir**.

Nid oes cymeriad yn siarad yn y rhai sy'n dilyn, ond maen nhw'n f'atgoffa am y dosbarth dan sylw oherwydd eu bod yn rhannu'n dair rhan, mae'n debyg. Mae'r gyntaf yn gyffredin yng Ngodre'r-graig, Morgannwg. Ar un adeg, roedd hi'n fain ar bawb yno, a phawb yn byw yn ôl y cyngor a geir ynddi. Roedd dangos i'r gymdogaeth fod byd llwm arnoch yn dwyn cywilydd arnoch chi a'ch teulu. Edrych yn dlawd oedd y pechod:

> **I fod yn glawd** (tlawd)**, a dishgwl** (edrych) **yn glawd, chi'n glawd uffernol**.

Dywedir wrth fabi sy'n sgrechian yn ei grud yn Nhafarnau Bach, sir Frycheiniog:

> **'Llef di: mwya [i] gyd llefi di, lleia [i] gyd pishi di.'**

Nid yw'r un nesaf yn perthyn i'r rhai uchod ond mae'n rhithmig ac mae'i hodrwydd yn fy hudo. Wn i ddim i ba gategori y mae'n perthyn a dydy hynny ddim o bwys beth bynnag:

> **Mae pawb â'i bat ar Pympi ond Pympi'n byw er hynny**.

Fy hen dad-cu o Rasa oedd yn ei ddweud am blentyn oedd wastad yn cael stŵr gan rywun, ond eto'n dal i wenu. Noda Eric Partridge yn ei lyfr *The Routledge Dictionary of Historical Slang* y dywedid wrth blentyn cecrus, 'Pompey is on your back'. Wn i ddim beth oedd yr ynganiad, 'Pompy' neu 'Pompey'. Ni nodwyd enghraifft ddiweddarach nag 1869. Mae'r *Oxford Dictionary of English Proverbs* yn nodi 'Paws off, Pompey'. Fe'i ceir yn nofel Marryat, *Jacob Faithful*, a gyhoeddwyd yn 1834. Dywedir am yr arwres mai dim ond un dyn roedd hi am ei gael yn ei bywyd. Am y gweddill, 'Paws off, Pompey' oedd ei hagwedd. Pompey yw llysenw tîm pêl-droed Portsmouth hefyd.

Hoffwn ddyfynnu dwy arall sydd yng nghasgliad Gwernyfed nad ydynt ar union batrwm y rhai uchod ond sydd yn yr un ysbryd:

Daw dial, daw. Wedws dial delse.

Fy nehongliad o hyn yw ei fod yn gwlwm tafod, gyda'r ystyr 'Daw dial, daw. Fe ddywedodd Dial y deuai'. Y llall yw

Daw, fe ddaw yn haf ar y ci coch; a thywydd teg i galchwr.

Yng nghasgliad William Hay, *Diarhebion Cymru*, yr hyn a geir yw

Daw haf i gi.

Er bod y nesaf yn gyfarwydd, ni chlyweis y sgwrs o'r blaen. Cawl erfin yw'r pryd yn y de a photes maip yn y gogledd.

Esmwyth cwsg cawl erfin, Dai!
Esmwyth cwsg cawl dŵr, Shoni!

Coes ôl y mochyn

Fe hoffwn feddwl eich bod, yn ystod eich darllen hyd yn hyn, wedi rhyfeddu naill ai at dreiddgarwch y meddyliau a fathodd y dywediadau, at wreiddioldeb eu delweddau, neu at eu synnwyr digrifwch. Meddyliais sawl gwaith cyn penderfynu ysgrifennu llith ar hiwmor am ei fod yn destun sy'n dibynnu cymaint ar chwaeth bersonol. Eto, ni allaf ymatal chwaith.

Nid wyf yn honni y chwarddwch yn afreolus wrth ddarllen y rhai canlynol, ond mi ddylent godi gwên, neu o leiaf ryw 'Wel, wel' bach. Hiwmor yr afreswm sydd yn llawer ohonynt. Ni allaf ond rhyfeddu at ddyfeisgarwch yr enghraifft ganlynol, a hefyd at ddyfalbarhad pobl Pontrhydfendigaid wrth ei defnyddio'n feunyddiol, gan ei bod yn dipyn o lond ceg. Mae'n disgrifio amser na ddaw byth. Petai person yn addo rhywbeth i rywun arall ac yntau'n gwybod na châi mohono byth, gallai ddweud, 'Bydd

yn fochyn gyda John Gwehydd yn yr Aifft

cyn y caf i e.' Allwch chi weld John Gwehydd bach a'i fochyn yng nghanol y pyramidiau? O ble daeth y ddelwedd honno? Mae'n perthyn i fyd yr afreswm. Ond fe gâi ei ddweud yn sir Aberteifi! Caiff y mochyn ei ystyried yn anifail aflan gan y Moslemiaid a'r Iddewon, a dim ond y Cristnogion all ladd mochyn yn yr Aifft. Dyma'r Coptiaid sy'n cael eu gormesu'n gas a'u heglwysi'n cael eu llosgi gan y mwyafrif Moslemaidd yn yr Aifft radicalaidd newydd. Sgwn i a fu John Gwehydd yn filwr yno yn un o'r rhyfeloedd byd?

Fe welir yr un hiwmor cartwnaidd yn y cymariaethau'n fwyaf arbennig. Er enghraifft,

mor ddierth â boncagen (sef crempogen, pancosen) **i fochyn**

neu

mor ddierth â winwns i grychydd.

Crychydd yw ffurf y de; crëyr yw ffurf y gogledd. Aderyn heglog ond urddasol a welir ar lan llyn neu afonig yn synfyfyrio ac yn disgwyl ei gyfle yw hwn. Os na ddaw lwc wedi iddo eistedd am amser yn gwylio popeth, mae'n codi ar ei aden ac yn hedfan i fyny'r afon. Dywedir wedyn ei fod

yn mynd i agor y fflodiart.

Daw'r glaw yn fuan wedyn.

Yn sir Gaerfyrddin, dywedir am rywun sy'n bwyta'n sidêt, rhyw gegaid fach ar y tro,

Mae fel ci yn byta sucan twym.

Mae'n anodd gwybod yn iawn beth yw sucan, ond cefais gyfarwyddyd yn llyfr S. Minwel Tibbott, *Amser Bwyd*. Ymddengys mai blawd sucan oedd yr hyn oedd dros ben wedi malu'r ceirch yn flawd, ac roedd i'w gael yn y melinau. I'w baratoi, roedd yn rhaid ei roi'n wlych dros nos, gwasgu'r dŵr ohono a'i ferwi cyn ei fwyta. Dylai fod o ansawdd trwchus, yn ddigon tebyg i uwd. Gellid ei fwyta â diferyn o gwrw neu laeth ar ei ben, sef

sucan cwrw

neu

sucan llaeth.

Rhybuddiwyd am nodweddion eraill sucan:

Sucan sur bola slac.

Er bod ci yn gyfaill gwerthfawr i bob ffermwr, rhaid iddo fod yn ofalus o ble y caiff ei gi. Rhaid gochel rhag

ci potiwr.

Mae ci potiwr yn gyfarwydd â mynd o dafarn i dafarn gyda'i feistr. Ni newidia byth mo'i ffyrdd. Am rywun dilefeleth, disynnwyr mae pobl sir Aberteifi yn dweud nad oes ganddo

ddim mwy o glem na gŵydd yn gweitho watsh.

Ydy'r ŵydd yn greadures gynhenid gomig? Doedd ganddi hi ddim dwylo i droi bysedd y watsh ond efallai y byddai'n rhoi cynnig ar ei wneud, serch hynny.

Y dyddiau hyn, yr ieuenctid yn aml sy'n cael eu beio am wneud pethau dwl ond wir, yr hyn a gâi ei ddweud yn y de oedd

Dwl hen yw'r dwl dwla.

Yn anffodus, mae hefyd yn dilyn yno taw

Dwl yn unpeth, dwl ym mhopeth

yw hi. Gall y disgrifiadau o bobl fod yn ddiniwed ond yn ddeifiol, megis

plismon drama

yn sir Gaernarfon i ddisgrifio heddwas sy'n garicatur o'i alwedigaeth, neu'n blismon rhan amser. Fe gâi

diacon pren

ei ddefnyddio gyda blas yn sir Aberteifi i ddisgrifio blaenor di-werth ei arweiniad. Yno hefyd dywedir bod dyn bach di-nod, disylw

fel syfïen mywn bola mochyn

neu

fel mesen ym mola hwch

neu

fel cleren ar gefan tarw

ac mae'r disgrifiadau hynny'n ddigon cyffredin. Wn i ddim
a ydych hyd yn oed wedi dweud 'Wel, wel' hyd yn hyn, ond
mae nifer o'r rhai canlynol, i mi, yn wirioneddol gomig ac yn
peri imi chwerthin yn uchel. Er enghraifft, mae'n syndod mor
gyffredinol ei diriogaeth yw

fel piso mochyn yn yr eira

neu

fel piso tarw yn yr eira.

am linell gam. Yn rhyfedd iawn, roedd pwt yn y papur dyddiol
yn ddiweddar am gerddediad mochyn Ymddengys fod moch
yn tueddu i ddioddef o gloffni, a nawr, bwriedir magu moch
na fyddant yn dioddef yn yr un ffordd. Dywedir am weithred
hollol ddi-fudd ei bod fel

piso mewn i'r gwynt

gan fod y gwynt yn chwythu'r dŵr 'nôl i'ch wyneb. Yn sir Fôn,
dywedir am rywun anniben, di-drefn ei fod

fel mochyn unglust.

Does 'na ddim balans yn y byd gan fochyn unglust, nag oes?
Dyna oedd yr ymateb i'm twpdra a'm diffyg dealltwriaeth
i. Gall ambell ddywediad deithio'n bell o'i gynefin. Ledled
Cymru bellach, pan ofynnir y cwestiwn 'Oes gobaith am …?'
gellir disgwyl atebion megis

Hôps (*hopes*) **caneri!**

Hôps mul!

Hôps mul mewn Grand National a

Gobaith caneri coch!

ond nid yw hynny'n ddigon i wŷr Aberdâr. Eu hateb nhw yw

[H]ôps caneri, ffroes Mam-gu a'r rheiny wedi llosgi!

Wedi dweud hynny i gyd, rhaid derbyn falle na chewch chi fyth ateb call i'r cwestiwn. Ffroes yw gair gwŷr Aberdâr am grempog. 'Gwŷr Berdēr' hefyd sy'n dweud am bobl nad ydynt yn hollol iawn yn eu pennau, yn eu barn nhw beth bynnag, eu bod

Dwy owns yn sgafnach na balŵn *ragman*.

Deuai dynion casglu rhacs o gwmpas strydoedd y cymoedd yn aml gan weiddi 'Rags, any ol' rags'. Rhedai'r plant o'r tai, a'r fam yn straffaglu i gael hyd i ryw recsyn er mwyn i'r plant gael swigen ganddo, ond doedden nhw ddim yn para'n hir am nad oedd llawer o wynt ynddyn nhw. Mae fy ngŵr yntau'n cofio fel roedd y pysgod aur a gâi ef gan y dyn rhacs bob amser yn marw ar ôl ychydig ddyddiau.

Mae pob un ohonom ryw dro yn ein hoes wedi clywed am ryw gefnder neu gyfnither sy'n bendant yn perthyn inni 'nôl yn yr achau, ond na all neb ddweud yn union beth yw'r berthynas. Yn Llangennech, sir Gaerfyrddin, dywedir eu bod yn perthyn trwy

go[e]s ôl y mochyn.

Yng Nghrug-y-bar, sir Gaerfyrddin, y berthynas yw trwy

go[e]s ôl Mam-gu,

ac yn Hirwaun,

bys bawd co[e]s ôl Mam-gu.

Ceir ambell enghraifft sy'n dangos mor Gymreig oedd clyfrwch geiriol ein cyndadau. Mae cymaint o'n hiwmor ni y dyddiau hyn yn Seisnig neu'n Americanaidd ei sail. Ond beth am

peswch fel y pesychasoch o'r blaen?

Gwên o syndod a ddaeth i'm hwyneb wrth ei glywed, mae'n rhaid cyfaddef, ond mae'n amlwg fod y cenedlaethau o'n blaen yn gyfarwydd iawn â'r arddull ramadegol. Gallasai fod yn arf i helpu plant i ddysgu gramadeg, yn ogystal â bod yn sbort.

Yn Llansamlet, jôc yw dweud pan fydd pethau'n mynd dros ben llestri a'r sefyllfa'n dirywio'n sydyn, eu bod

yn mynd yn wathach, wathach,

hynny yw, yn mynd yn waeth ac yn waeth. Ym Mhontarddulais sydd ar y ffin â sir Gaerfyrddin, pan fydd pethau'n mynd yn waeth yn lle'n well, maen nhw

yn mynd yn wa wa yn lle we we.

Gall trefn y geiriau newid mewn rhannau eraill o Forgannwg, neu o deulu i deulu, weithiau:

Mae rhywun yn dod yn we we yn lle wa wa.

Gall y 'wa' fod yn dalfyriad o 'wa[eth]' a'r 'we' o 'wē[th]' gan fod y ddwy sain i'w cael yn yr ardal – ond pwy a ŵyr? Teulu Llansamlet sy'n awgrymu y gall rhai pobl

droi baw yn fawach.

Fe'i defnyddir pan fydd dwy wraig, dyweder, yn trin a thrafod person arall i eithafion, a hwythau'n sylweddoli hynny. Pan ddigwydd hynny, gall y naill ddweud wrth y llall, 'Well i ni bido gweud racor ne troi baw yn fawach byddwn ni.' Terfyniad bachigol yw '-ach', fel sydd yn 'pethach' a 'petheuach'. Wrth barhau i drafod baw sydd eisoes yn fân aiff y peth mân yn fanach fyth. Ffordd arall o ddweud yr un peth yw

malu glo mân yn fanach.

Fan hyn, rwy am ddyfynnu

Baw ci, baw cath
Baw cath, lawer gwâth

gan sôn am rinweddau baw ci fel y clywyd amdanynt ar raglen Dylan Jones ar Radio Cymru ym mis Medi 2012 pan gafwyd trafodaeth ddeallus am rinweddau baw ci a baw cath, a'r gwahaniaeth rhyngddynt. Y baw gwaethaf oedd baw cath. Roedd y drafodaeth yn frwd, a chysylltwyd ar y ffôn â Dai Jones, oedd yn y Ffair Aeaf, i gael esboniad yr arbenigwr. Fel ffermwr defaid, roedd e'n gallu cadarnhau gwirionedd y geiriau. Esboniodd fel y gallai baw cath achosi haint mewn defaid wedi iddynt ddamsgen arno. Roedd rhaid cadw cathod draw o'r borfa oherwydd y posibilrwydd o heintio. Doedd baw cŵn ddim yn cael yr un effaith.

Un arall o ddywediadau doeth Dai Jones yw

Mae rhech dafad yn well na thail buwch

a hynny, os deellais yn iawn, yn cyfeirio at rinweddau'r ddafad at fraenaru'r tir. Wedi dechrau ar y pwnc yma, rhaid imi barhau. Yn sir Gaernarfon, dywedir am bâr sy'n dynn yn ei gilydd fod

Un baw iâr a'r llall baw deryn.

Does fawr o wahaniaeth rhyngddynt felly. Yn yr un sir, dywedir am ddyn sy'n cadw ei ddwylo'n dynn yn ei bocedi,

Rydd o mo'i faw i'r ci – well gynno fo roid y garreg arno fo.

Mewn tyrfa o bobl, mae'n ddigon hawdd camgymryd rhywun dieithr am gyfaill oherwydd bod y ddau'n debyg. Pan glywant y geiriau 'Mae'n debyg i …' mae pobl sir Aberteifi yn ymateb ar eu hunion,

Llawer tebyg heb yr un.

Dyma ymateb pobl Nefyn, Llŷn a gafodd ei lunio at ryw noson lawen, gallwn feddwl. Ond efallai ei fod yn seiliedig ar ddywediad:

> Tebyg iawn wyf fi i 'mrawd
> A thebyg fy mrawd i minna,
> Ond fod un yn byw ar fara llaeth
> A'r llall ar laeth a bara.
> Bernwch chwithau, Gymry glân,
> Pa un o'r ddau ydy'r gora.

Caiff rhai pynciau oesol eu trin yn ysgafn, yn enwedig geni, priodi a marw. Dyma rai o'r ymadroddion sy'n disgrifio merch feichiog. Dywedir ei bod

> **wedi llyncu corryn** (Penfro a Morgannwg);
>
> **wedi llyncu pry** (Môn a Llŷn);
>
> **yn yr hen frat mawr** (Môn);
>
> **wedi mynd dros y ffordd** (Rhydaman);
>
> **wedi ista rhy agos at y tân** (cyffredin yn Saesneg hefyd)

neu

> **wedi llyncu dyfrdws** (Dinbych),

neu fod

> **y dymplen wedi cydio yn y crochan** (Trefaldwyn);
>
> **y lleuad yn llawn** (y Rhondda).

Pryf main, hir fel edau wlân yw dyfrdws (ymadrodd Dinbych), neu ddyfodwst, sy'n byw yn y dŵr. Os llyncid un gan fuwch, byddai ei bol yn chwyddo. Roedd yn bwysig iawn rhoi drensh o ddŵr a halen iddi ar unwaith i godi'r pryf yn ôl. Oni wneid hynny, gallai'r fuwch farw.

Ym Môn, gallai'r fam ddibriod fod yn cario

> **babi ffair**

gan fod y ffeiriau'n fan cyfarfod gwych i weision a morynion. Dywedid yno hefyd fod

salwch cloc larwm

neu

salwch twll clo

ar y fam. Yn sir Gaernarfon,

clefyd twll clo

oedd arni. Os byddai'r enedigaeth yn un rhwydd, yr ymateb fyddai

O'dd e'n nabod ei ffordd.

Er mai ymateb i'r un digwyddiad y mae'r tri canlynol, mae'r cefndir yn wahanol. Mewn cymdeithas fach, roedd beichiogi y tu allan i briodas yn gallu dwyn gwarth ar y teulu. Gallai merched fynd i ymgolli yn hytrach nag wynebu hynny. Er enghraifft, gallent

fynd sha dŵr y môr (sir Frycheiniog wledig);

mynd i Fryste (sir Aberteifi) neu

fynd i Ferthyr (sir Gaerfyrddin).

Roedd awgrym yn sir Fôn:

Ffordd yr annuwiolion â i Ferthyr.

Roedd pobl Aberdâr yn argymell

mynd i Lanbradach (sydd hefyd ym Morgannwg) neu i **[A]merica Fach**.

Roedd 'Merica Fach' yn ardal o'r Porth, y Rhondda. Yn ôl y sôn, mudodd llawer o drigolion yr ardal i America yn y ddeunawfed ganrif ond roedd tynfa'r hen wlad yn ormod iddynt a 'nôl y daethant ac ymgartrefu gyda'i gilydd mewn un ardal a gafodd yr enw ar lafar, Merica Fach.

Câi merched eu gyrru at berthnasau oedd yn ddigon pell o gartref i eni'r plentyn. Roedd sir Frycheiniog yn bell o'r môr. Roedd trefi fel Merthyr a Bryste'n ganolfannau diwydiannol, poblog iawn, lle nad oedd neb yn adnabod neb, nac yn gwybod eu hanes. Ymgolli yn y dyrfa oedd y rheswm dros fynd i'r llefydd hyn.

Os gwnewch chi faddau'r iaith a derbyn mai dim ond negesydd ydw i, dyfynnaf un o ddywediadau Hirwaun,

Mae mwy o isha marcho gwraig feichiog na lladd ci cynddeirog,

am ei bod hi, siŵr o fod, yn

bo[e]th yn ei chro[e]n

fel y dywedai pobl Merthyr.

Yn Llangrannog, sir Aberteifi, gellid dweud am ferch oedd yn gwneud dipyn o enw iddi ei hun ymhlith y bechgyn ei bod yn dod

o stabal bo[e]th

gan awgrymu ei bod wedi etifeddu ei thueddiadau. Os oedd y ferch yn feichiog ar ddydd ei phriodas, dywedid bod

tri o flaen y ficer

ym Morgannwg. Os oedd y briodas yn annisgwyl o sydyn, ym Môn,

Hwyr, rhed a brysia

oedd hi, neu

Mynd i'r llwyn cyn mynd i'r llan.

Nid y salwch boreol a gâi hon ond

clefyd twll lludw.

Ai am y byddai'n chwydu i'r twll lludw oedd o dan y grât wrth wneud ei dyletswyddau boreol roedd hynny, tybed? Petai'r ferch neu ei theulu am roi terfyn ar ei beichiogrwydd, roedd rysáit rhwydd ar gael:

Te rhyw a sifi a siligabwd
A wna i ferch ifanc
Arllws ei chwd.

Llysieuyn meddyginiaethol oedd 'rhyw' ('rue' yn Saesneg) a ddefnyddid i roi terfyn ar feichiogrwydd (roedd hefyd yn cael ei ddefnyddio at gyflymu genedigaeth). *Chives* yw 'sifi', a math o wermod lwyd yw 'siligabwd' neu 'hen ŵr' yn y gogledd.

Rwy'n cofio rhyw ddyn ifanc o gefn gwlad sir Gaerfyrddin yn cyfaddef â gwên ei fod wedi

Tano'r (tanio) **dryll cyn prynu trwydded**.

Ar ôl cael munud neu ddwy i dreulio'r newyddion, dyma bawb wrth y ford yn chwerthin yn uchel. Nid y newyddion barodd y chwerthin ond y geiriau. Pwy ond ef fyddai'n gyfarwydd â'r ymadrodd hwnnw?

Roedd fy nghartref i mewn ardal ddiwydiannol, er bod y diwydiant trwm wedi hen ddarfod erbyn hynny. Ond petai rhywun yn cerdded i mewn i ystafell a golwg anniben iawn ar y lle, yr ymateb fyddai

[Dy]ma le yw Dwlish!

Roedd Dowlais, neu Dwlish i'r brodorion, yn lle pwysig iawn yn y bedwaredd ganrif ar bymtheg a'r gwaith haearn enfawr – un mwya'r byd ar un cyfnod – yn denu pobl o bob cwr. Yr oedd felly'n llawn mwg a llwch ac annibendod.

Yn ystod oes hir, mae'n rhaid wynebu afiechydon yn y teulu. O ganlyniad i ddioddefaint, roedd ambell un yn colli cymaint o bwysau fel y gallai

sychu ei drwyn â chrôn ei fola.

Pan ddechreuai godi ei hwyliau, byddai fel un o'r creaduriaid newydd-anedig

yn dechrau ymlyo (ymlyfu)

neu

â'i dafod ar ei grôn.

Mae rhywun sy'n edrych yn anniber a diflas

yn edrych fel rhywbeth heb ei lyo.

Y peth cyntaf a wna anifail ar ôl rhoi genedigaeth yw llyfu'r cyw er mwyn gwella ei raen a hefyd i'r cyw adnabod oglau ei fam. Pan fydd person ifanc yn dechrau gwella o'i afiechyd, dywedir ym Morgannwg,

Mae dod i blentyn a mynd i ddyn.

Pan fydd rhywun yn mynd yn hen, gall y corff heneiddio, ond y peth pwysig yn sir Aberteifi i unrhyw fenyw yw ei bod

yn iawn yn ei chof a'i chyfrif.

Wedi sôn am enedigaeth, dylwn sôn am farwolaeth. Unwaith eto, rhaid osgoi siarad yn rhy blaen. Gall rhai o'r disgrifiadau sy'n cyfeirio at ddyn ar ei wely angau fod yn gyfuniad anhygoel o'r dychrynllyd a'r doniol. Yng Ngodre'r-graig, dywedir bod

bachan y bâl ar ei ôl e,

sef y gŵr â'r rhaw. Gwelir yr un nodwedd yn

clefyd y faten.

Maten yw gair sir Aberteifi am yr hyn a elwir mewn siroedd eraill yn

clefyd y dywarchen

a

clefyd y fynwent.

Mae pob un ohonynt yn osgoi defnyddio'r gair 'marwolaeth' neu ddweud bod rhywun ar farw. Ond mae'r bobl sydd wedi bod yn gwylad y claf ym Merthyr yn gweld

Dos dim mē (mae) **nag oni petē** (petai).

Does dwywaith amdani: mae'r claf ar farw, a'r odl fewnol yn atgyfnerthu'r gor-ddweud. Maen nhw

wedi gweld anga[u] yn ei wynab.

Ateb y teulu i ymholi'r cymdogion oedd

Nabod neb, byta dim.

Ond pan fo'r diwedd yn agos, gellid dweud yn Nyffryn Ceiriog, sir Ddinbych, fel oedd yn gyffredin drwy ogledd Ewrop i gyd,

Mae twrch daear wedi wincio arno.

Mae'r twrch daear yn treulio'i oes o dan ddaear, ac yn croesawu pawb i ymuno ag ef. Yn sir Aberteifi, dywedir am berson sydd wedi'i gladdu ei fod

wedi cael ei gario mas a'i drâd yn gynta.

Mae'n ddywediad sy'n gyffredin yn Saesneg hefyd. Am ddyn a fu farw yn ei feddwdod, dywedir ei fod

wedi marw â'i fola'n dynn.

Yn yr ardaloedd diwydiannol, ar y llaw arall, ceir

wedi rhoi ei gerrig i fyny.

Mae rhyw dristwch ofnadwy i mi yn

wedi rhoi ei dŵls ar y bar.

Roedd rhoi ei offer ar y bar a'i gloi ar ei ôl yn rhywbeth a wnâi'r coliar ar ddiwedd pob shifft. Golygid hefyd ei fod wedi gorffen ei shifft olaf ar y ddaear hon. Ym Môn, lle roedd llawer yn ennill eu bywoliaeth ar y môr,

wedi coelio'r rhaffa[u]

roedd llongwr a fu farw. Yno hefyd dywedid am rywun oedd wedi bod yn sâl iawn ers tro, ei fod

wedi bod ar y dorlan

ers meityn yn aros i groesi afon angau, a hynny'n hen, hen goel. Dywedid hefyd,

Bron iddo â cholli'r melyd ddoe.

Yr un gair yw 'melyd' ag a geir yn 'ymaflyd codwm', sy'n gyfystyr â dweud ei fod bron â cholli'r frwydr hir, a marw. Ym mhob ardal, mae llawer o bendroni dros waeledd hir.

Mae'r Bod Mawr wedi anghofio amdano

neu

Chlywith e mo'r gwcw

neu

Bydd llawer gwyneb teg dan bridd cyn cân y gwcw eto.

Yn Nhregaron, dywedir am rywun a fu'n llesgáu ers amser, ond sydd bellach yn tynnu at derfyn ei oes, ei fod

wedi tannu'r dillad ers amser a nawr ma'n nw'n gwywo.

Y claf ei hunan, ar ôl cyfnod o gramwytho, oedd yn dweud ym Morgannwg,

Peder astell fydd ishe arna i cyn [h]ir.

Cramwytho yw eistedd yn ei gwman â siol dros ei ysgwyddau, yn aml, o flaen y tân. Mewn rhai ardaloedd

siwt bren

yw'r arch. Mae rhywbeth cartrefol a thawel mewn dweud am rywun sy'n gwaelu ers tro ei fod

yn datod fel hosan.

Yn sir Fôn, byddai pobl eraill yn gwylio'r sefyllfa ac yn rhesymu,

Dydy cnu dafad farw ddim llawar o beth i gynhesu neb.

Rhesymeg oedd wrth wraidd y sylw, neu eiddigedd? Caiff gwlanen yr enw o fod yn wydn ac felly mae'n para'n dda. Ym Môn, dywedir am berson sy'n torri'n sydyn,

Mae o'n **darfod fel gwlanen**.

Mae gwlanen yn dal yn rhyfeddol. Câi blancedi gwlenyn eu cadw'n ofalus er mwyn eu trosglwyddo o genhedlaeth i genhedlaeth, ond unwaith i wlanen ddechrau treulio, mae'n datod yn reit sydyn, gallwn dybio. Roedd pob coliar yn gwisgo crysau gwlenyn dan ddaear am eu bod yn gynnes ac yn amsugno'r chwys. Roedden nhw hefyd, a barnu wrth fy nhad-cu, yn dal i wisgo crys gwlanen ar y Sul, ond yn gwisgo crys ysgafn drosto. Oni wnâi hynny, fe gâi annwyd.

Yn ardal y melinau gwlân yn sir Aberteifi, pan fyddai henaint yn dechrau gafael yn rhywun, roedd eu ffordd o ddweud yn dorcalonnus. Mae'n rhoi darlun o wraig a fu'n gwau i holl ddynion ei theulu ar un adeg. Ond bellach

Mae'r maglau'n dechrau llithro oddi ar y gweill.

Yn sir Fôn, dywedid bod

hwn a hwn **a'i gorn dano** ers tipyn rŵan.

Pan fydd anifail wedi mynd yn rhy wan i godi oddi ar y cae, mae'n syrthio ar ei ochr a bydd un corn ar y ddaear. Mae'r gŵr druan yn yr un cyflwr. Weithiau, mae dau bentrefwr yn marw yn fuan ar ôl ei gilydd, a'r siarad wedyn ym mhob ardal yw

Does dim dau heb dri.

Cefais dipyn o ysgytwad pan ddywedodd rhywun oedd yn enedigol o sir Frycheiniog wrthyf ryw fore Sul, wrth gydymdeimlo â mi, a finnau newydd gladdu fy nhad yn 93 oed,

Wel, **chi sy nesag at y drws** nawr.

Mae hynny'n gyffredin, rwy'n siŵr. Mae

Cheith neb bardwn pan ddaw'r alwad

hefyd ym mhob ardal. Gellir llwyddo i newid naws pob sefyllfa wrth gofio

Llygedyn o obaith a wella'r briw.

Yn sir Aberteifi, roedd llawer o fechgyn ifanc yn mwynhau gyrru fel cath i gythraul, a phan na chaent eu ffordd, cyhuddent y gyrrwr o'u blaen o yrru fel petasai'n

moyn ange (angau) **i ŵr bonheddig**.

A oedd gŵr bonheddig yn gallu ymestyn ei oes am fod ganddo fodd? Neu a oedd rhywun yn gyrru'n araf o barch i ŵr bonheddig? Wn i ddim i sicrwydd, ac weithiau, peth ffôl yw ceisio dehongli dywediadau tebyg. Yn y cymoedd glofaol, yr oedd yr hen air

Cleddwch y meirw a cerwch at y cwrw

yn ddweud cyffredin. Gynt fe ddarperid y cwrw yn y cartref. Roedd tafarn yn aml yng nghanol y pentref. Yn yr ardaloedd diwydiannol, poblog, codwyd y dafarn yn agos at yr eglwys neu'r capel. Yr oedd yn arferiad cyffredin i fynd i'r dafarn ar ôl bod yn y fynwent ac mae'n dal i fod felly. Rhaid cofio bod mynwentydd yn aml ar dir agored, gwyntog a gwlyb a bod angen rhywbeth i gynhesu corff y galarwyr yn ogystal â'r galon ar ôl gorfod wynebu'r elfennau. Roedd hi'n wahanol pan oedd y fynwent wrth ochr y capel, siŵr o fod. Gellir ceisio dehongli'r arferiad. Gallai cario arch drom neu sefyll yn y glaw fod yn waith oer a sychedig. Ai i ddathlu'r ffaith bod yr ymadawedig wedi mynd i well byd, ynteu i fwrw eu tristwch yr aent? Mae'n draddodiad sy'n parhau, ond mae'r hen dafarnau wedi cau yn y cymoedd glo, a'r clybiau yw'r cyrchfannau erbyn hyn.

Roedd cydymdeimlad ymarferol yn help mawr i lawer teulu. Yn sir Fôn, byddai sawl gwraig o'r pentref yn mynd i'r cartref galar

a'i braich yn gam

gan fod ganddi rywbeth o dan ei chesail i helpu'r teulu. Teulu'r ymadawedig yw

gwŷr y corff.

Yn sir Fôn, roedd gweld aelodau o'r teulu na fuon nhw'n ffyddlon iawn yn ystod ei salwch yn dod i dŷ'r ymadawedig yn gwneud i'r cymdogion amau eu cymhellion:

Nid am yr huddyg ma'r gath yn llyfu'r pentan.

Roedd ambell hen ŵr wedi byw ar ei ben ei hun erioed ond weithiau, wedi iddo gael salwch mawr, roedd aelod o'r teulu'n ei symud i'w gartref ei hunan gan wybod nad oedd ganddo fawr o amser ar ôl yn y byd hwn. Gwyddai hefyd fod ganddo gelc go dda yn y banc. Dyna'r saim. Yr huddygl oedd yr hen ŵr. Nid yw'r gath yn hoffi'r huddygl, ond mae'n gorfod ei gymryd er mwyn cyrraedd y saim. Roedd hi'n amhosibl cael y naill heb y llall.

Tylwyth a chymdeithas

Rhy agos perthyn

Ymhlith y rhaglenni teledu mwyaf poblogaidd heddiw mae'r rhai sy'n dilyn bywyd criw o bobl bob awr o'r dydd, er nad yw'r gynulleidfa mor niferus ag y bu hi. Prin bod deunydd y dywediadau traddodiadol mor lliwgar nac mor fras â rhai o straeon y teledu, ond maen nhw'n ddigon diddorol serch hynny. Does dim sôn am ysgariad yn y rhain. Ond yn naturiol, roedd pawb oedd yn byw mewn cymdeithas glòs yn sylwi ar bob dim. Er enghraifft, roedd prifathrawes yn sir Drefaldwyn wedi bod yn absennol o'i gwaith a neb yn gwybod pam. Ond pan gafodd rhywun y newyddion ei bod yn

dal y dorth ymhell

aeth y stori ar led o fewn dim. Mae'n ddarlun hen ffasiwn erbyn hyn, ond yn un pert iawn.

Portread cyfforddus o fywyd teuluol sydd yn y dywediadau:

Does dim magu'n llwyr nes magu'r ŵyr,

meddai pobl Cwm-bach, Aberdâr, ac wrth gwrs, dyna yw'r drefn pan fydd tair cenhedlaeth yn byw yn yr un gymdogaeth a'r nain a'r taid yn helpu i fagu'r wyrion. Sylwaf erbyn hyn fod y genhedlaeth hŷn yn dilyn eu plant i Gaerdydd i wneud yr un peth. Gallent hefyd ddyfynnu'r Beibl wrth sôn am y teulu a'i ddyletswyddau, a'r un a glywir amlaf bron yw geiriau Solomon,

Hyffordda blentyn ym mhen ei ffordd,

yn enwedig wrth weld adroddiadau ar y teledu a'r papurau am bobl ifanc yn terfysgu ac yn colli eu ffordd.

Ond roedd babis bach yn gallu bod yn anhwylus. Mae cadw noson gyda chriw o Ferched y Wawr yn gallu talu ar ei ganfed. Digwyddodd hynny i mi yn Llansamlet. Yn y Trallwn gerllaw, sef yr hen enw ar Lansamlet, pan nad oedd y babi'n iach a'r fam am gadw llygad arno a bwrw ymlaen â'r golchi a'r gwaith tŷ yr un pryd, byddai'n gwneud

gwely tip.

Gwnâi hynny drwy fachu cefn hen gadair freichiau ar ddolen drâr y gegin a rhoi clustog ar ei hyd ar y sedd i wneud gwely cyfforddus i'r babi. Gallai hi fwrw mlaen â'i gwaith a charco'r plentyn yr un pryd. Roedd sefyllfaoedd fel hyn yn digwydd dros Gymru gyfan, rwy'n siŵr, ond dyna'r unig dro imi glywed amdano. Gall darluniau fel hyn o'r hen gymdeithas ofalgar, a'i ffordd o orfod ymdopi â phob sefyllfa, ddiflannu cyn inni fod yn ymwybodol o hynny. Byddai hynny'n dristwch mawr. Yno hefyd y clywais ddisgrifiad o blentyn oedd wrth ei fodd yn cael ei dolach:

Dyna hen **lyca lyna Mami**.

Ces i fy llorio'n llwyr gan 'lyca lyna', a ddefnyddir wrth anwesu babi. Ansawdd sain yr 'l' sy'n llithro'n llyfn a diymdrech oddi ar y tafod sy'n ei gwneud yn addas ar ddechrau si-lwli, neu ddywediad sy'n anwylo plentyn, rwy'n siŵr. Yn ôl *Geiriadur Prifysgol Cymru* mae 'lyco', yn ogystal â 'lico' am hoffi, i'w glywed yn y de. Efallai fod hynny'n rhyw gam ymlaen. Gall yr ail elfen ddeillio o 'glynu'. Wrth afael mewn babi, mae gan rai merched ffordd arbennig o siarad ag e gyda phob '-th' a '-t' a '-d' yn troi'n '-s', a'r '-r' yn troi'n '-l'.

Mae'r babi wrth ei fodd, yn deall popeth ac yn mwynhau clywed ei fod yn

wers (werth) **y byd**

neu'n

wers y byd a'r betws
a llond ca' o datws.

Yn Nhynygongl, mae e'n

    welth (werth) **y byd yn grwn**

neu

    yn welth puns y powns (yn werth punt y pownd)

a hefyd

    yn ligon o lyfelod (yn ddigon o ryfeddod).

Yn Sir Gâr, mae ei fam-gu'n ffoli arno

    fel ci acha dwmplins.

Mae ysbryd teuluol hyfryd yn y dywediadau, gan ddechrau o'r eiliad y mae plentyn yn dod i'r byd onid ynghynt. Mae'r enghraifft isod i'w chael yn Ysbyty Ystwyth, sir Aberteifi, ac ym Menllech, Môn, fel ei gilydd, er bod y geiriad yn amrywio. Gall hefyd fod yn rhybudd:

    Traed bach yn gyrru traed mawr ar garlam.

Pan fydd plentyn ar fin cael ei eni, mae'n rhaid i rywun mewn oed redeg ar frys i nôl y fydwraig, ac mae'r traed bach eisoes wedi dechrau ar y broses o fod yn feistr ar yr aelwyd a rheoli'r traed mawr.

    Wedi geni'r babi, ac o hynny ymlaen, mae sawl ardal yn cytuno â barn gwraig o'r Allt-wen, Pontardawe, mai

    Ochor y baish sy'n dod gynta,

sef mai tylwyth y fam sy'n cael y croeso mwyaf. Efallai fod hynny'n naturiol. Mae tipyn o wahaniaeth barn pa un ai mab neu ferch a ddylai ddod i'r byd gyntaf.

    Lwc ar blanta
    Merch yn gynta

a geir yn sir Frycheiniog, ond mae pobl sir Ddinbych yn anghytuno:

Rhyw lanast o blanta
Cael merch yn gynta

neu

    Smoneth ar blanta yw geneth yn gynta.

Ffermwyr oedd pobl y ddwy ardal hefyd. Yr un oedd eu problem nhw â'r hen Job. Ai dynion oedd eu heisiau arnynt i drin y tir a hwsmona, neu ferched i wneud bwyd i bawb, yn ogystal â pharhau'r llinach? Ond gyda dwy fersiwn o'r un dywediad, roedd gair ar gael a fyddai'n addas at bob achlysur!

    Wrth gwrs, mae pob un yn ceisio dyfalu i bwy mae'r plentyn yn debyg.

    Yr un sbit â'i dad

yw hi yn y de-ddwyrain;

    yr un boerad

yn sir Gaerfyrddin; ac yn Hirwaun,

    ei dad wedi'i boeri.

Ym Môn,

    yr un brint,

ac

    yr un fogel â'i dad

yn Llansamlet.

    Yng Nglyn Ceiriog, sir Ddinbych, dywedir am blentyn sydd newydd ollwng, hynny yw, wedi llwyddo i roi'r gorau i'w arfer o symud wrth afael yn y celfi, ei fod

    yn mynd fel saeth fflamiau.

Yno hefyd, dywedir ei fod yn mynd

    i fyny'r allt bren

neu'r

    mynydd pren

pan fydd yn mynd i'r gwely. Yn gyffredinol,

Siôn Cwsg

a

Huwcyn Cwsg

sy'n dod i lygaid plant y gogledd, a

Bili Winc

i lygaid plant y de.

Wedi i'r wyrion ddod o'u peisiau, camp y nain a'r taid yng Ngwalchmai, Môn, yw peidio â

gwneud cig o un a sgodyn o'r llall.

Roedd y ddelwedd yn ddieithr hollol imi. Mae'n perthyn i'r ardaloedd glan môr lle roedd pysgod i'w cael yn rhad ac am ddim, a neb yn rhoi pris arnynt. Ar y llaw arall, roedd pawb yn gwybod y gost o gynhyrchu cig ac o wneud bywoliaeth drwy ffermio. Mae'r gwrthgyferbyniad yn fersiwn Swyddffynnon, sir Aberteifi, yn fwy amlwg:

gwneud begar o un a brenin o'r llall.

Petai'r gwaethaf yn digwydd, mi fyddai'n well colli tad na cholli mam oherwydd

Gwell mam garpiog na thad goludog

yn iaith Môn, neu

Gwell mam glwtog na thad cyfoethog

yn iaith sir Gaerfyrddin. Caiff ei harfer heddiw oherwydd er colli tad, a'r fywoliaeth gydag ef, mae'r fam yn fam er ei thlodi.

Credid mewn disgyblu plant. Roedd y ffon, boed yn wialen fedw ger yr aelwyd neu'n ffon gerdded, yn gyfaill teuluol, bron. Cyffredin iawn ym Menllech oedd y cyngor

Arbed y wialen fedw ac mi fyddi'n amddifadu dy blentyn o ffon i roi ei bwys arni.

Yn sir Gaerfyrddin, cydymdeimlid â'r plentyn:

Mae'n well strico pen ci drwg na'i gico fe.

Strico yw rhoi mwythau iddo. Gallai plentyn deimlo'i fod wedi cael cam, a'r dagrau'n dechrau cronni. Gallai rhywun hŷn yn fy nheulu i gadw cefn y plentyn a cheisio newid yr awyrgylch trwy ddweud, 'Paid â phoeni!

Bydd mwy o golled o fodd cyn brecwast!'

Hynny yw, bydd rhywun arall wedi pechu erbyn fory. Mae disgyblaeth yn sadio dyn, yn ei wneud yn fwy cyfrifol ac yn fwy dibynadwy yn y pen draw. Yn sir Drefaldwyn, pan nad oedd plentyn yn ymateb i ddisgyblaeth eiriol, eid ymhellach gydag

Un ar fôn dy glust gei di!

Roedd y rhybuddion am gosb yn eithaf llym: 'Byddi di'n

cal gwaith y crydd yn dy glai!'

neu

I (Fe) gwnna i dy grôn di!

Y tad oedd y disgyblwr yn ôl y fam:

Clatshen gei di pan ddaw dy dad sha thre (gartref)

a hithau'n cwyno nad yw'r plentyn

Byth yn neud clust o beth wi'n gweud.

Ond yn y diwedd,

Fe ddaw'r hen fyd ag e i'w le,

neu yn sir Aberteifi,

Daw John Byd ag e i'w le.

Roedd rhai teidiau'n fwy llym eu tafod. Os oedd pechod yr ŵyr yn fawr yn sir Fôn,

Mi gaiff droed yn ei din [h]yd at y chweched twll carra[i].

Roedd hon yn esgid fawr go drom, felly. Yng Nghwm-bach, Aberdâr, pan welir bachgen ifanc yn troi ffon yn ei law neu'n chwarae â hi, fe'i ceryddir trwy ddweud,

Paid ti â chwarae â ffon yn ifanc, daw yn handi iti'n hen.

Roedd plant, yn llawenydd eu hieuenctid, yn hoff iawn o ganu yn ogystal â sgrechian. Canu trwy'r dydd gwyn. Ond yn y de, rhoddid rhybudd iddynt petaen nhw'n dechrau'n rhy gynnar yn y dydd:

Canu cyn brecwast, llefain cyn nos.

Mae mamau Môn yn aml yn dweud, 'Mi droia i'r

tu min ato.'

Y tu min yw ochr finiog y gyllell. Pan fo plentyn yn cambihafio, yn lle bod yn raslon a thyner ei thafod, mae am fod yn finiog a brathog. Ond dyletswydd rhieni, yn ôl y doeth, yw rhesymu â'r plentyn cyn ymestyn am y wialen, oherwydd

Gair yn ei bryd arbeda gerydd.

Wrth ddisgyblu, dylid cofio mai etifeddu llawer iawn o'i ffaeleddau a wnaeth y pechadur:

Fel y bydd y tad y bydd y plant
O dyfiant ac o dafod.

Ym Mlaenpennal, yn y cyd-destun hwn, cefais reffyn o ddiarhebion sy'n gyfarwydd i bawb:

Mae natur y cyw yn y cawl;

Mae gwaed y ceiliog yn y cyw;

a

Tebyg i hwrdd fydd ei lwdwn

gan eu defnyddio'n ddilornus fel arfer. Mae gwyrda Môn yn maddau i'r plentyn gan ddweud bod ei feiau

yn nhoriad ei fogal.

Yn sir Gaernarfon, sonnir am fab sy'n debyg iawn i'w dad fel hyn:

Ail i Huwcyn yw Ffowcyn.

Magwraeth a thylwyth oedd y ddau ddylanwad mwyaf ar blentyn, a byddent yn para am weddill ei oes. Dyma ddywediad a ddefnyddir weithiau fel esgus am ein hymddygiad wrth inni fynd yn hŷn:

Anodd tynnu nâd o hen geffyl.

Er mai 'gwneud sŵn' yw ystyr arferol 'nâd' a 'nadu', yn yr achos yma 'arferiad' yw ei ystyr.

Mae agwedd y dywediadau at y teulu'n ganmoliaethus ar y cyfan, ond gallant fod yn ddi-dderbyn-wyneb hefyd:

Gwell cymydog agos na brawd pell,

hynny yw, pan fydd taro mae cymydog yn ymyl yn fwy dibynadwy na pherthynas sy'n byw ymhell. Yn aml hefyd, mae'n haws ymddiried mewn cyfaill sydd o'r un anian nag agor eich calon i berthynas:

Rhy acos (agos) **perthyn**,

meddai'r wraig o Lansamlet. Roedd y teuluoedd yn deyrngar ac yn gymorth i'w gilydd. Gwae neb a dorrai'r cyfrinachedd sanctaidd:

Cadw pethau'r tŷ yn y tŷ

oedd athroniaeth gwŷr Dowlais, Morgannwg. Ym Menllech, gofalent beidio â datgelu

cyfrinachau'r gwely wensgot

ond rhwydd hynt i aelodau'r teulu feirniadu ei gilydd. Y plentyn ifancaf yw'r

cyw melyn olaf

yn sir Gaerfyrddin a

tin y nyth

yn sir Fôn. Y plentyn sy'n llefain neu'n mofyn sylw o hyd yw

y babi mwya

yn y cymoedd glofaol, a'r un maldodus, ffel, yw

swci mwci.

Yn Nhre-boeth, Abertawe,

Martha drafferthus

yw'r un ffwdanus, llawn gwaith a gofid, ac yn Swyddffynnon, sir Aberteifi,

mam cŵn bach

yw'r fam sy'n orofalus o'i phlant. Dywedir yn sir Fôn am rywun llipa, diddim,

Mae o wedi'i fagu hefo bys.

Mae'n ddywediad naturiol mewn cymdeithas amaethyddol. Weithiau rhoddid llaeth i oen newydd gwan â'r bys er mwyn ei ddysgu i yfed llaeth o deth ei fam. Wedi gwneud hynny, byddai'r oen yn dilyn y sawl a'i bwydai i bob man. Byddai plentyn a fyddai'n chwarae â'i fwyd yn cael gorchymyn yng Nghwm-bach, Caerfyrddin,

Os nad y'ch chi'n ei fyta fa, wi'n hala fe i'ch llawes.

Roedd hynny'n hen air cyfarwydd iawn yn ôl trigolion yr ardal. Y syniad mewn llawer o deuluoedd, rwy'n siŵr, pan fyddai plentyn yn holi'n ddiddiwedd, oedd peidio â dweud y gwir wrtho, ond yn hytrach ei gelu a thynnu coes yr un pryd. Roedd yn naturiol i blentyn, wrth weld rhywun yn cyrraedd y gegin yn ei ddillad diwetydd, ofyn 'Ble ti'n mynd?' Un ateb oedd yn weddol gyffredin yn y de oedd

Cwm-sgwt!

Yn nheulu fy mam, y gair a gâi ei ddefnyddio, yn y ddwy iaith, gan bawb oedd

Elcawawcs!

Mae'r gair wedi bod yn ddirgelwch imi ar hyd y blynyddoedd. Ond yn ddiweddar, cefais oleuni newydd yng ngwaith J. J. Glanmor Davies sy'n disgrifio Cymraeg llafar ardal Ceinewydd, sir Aberteifi, tua 1934. Yn y Cei, yr hyn a ddywedid oedd

Cer i hela (sef helcyd) **hwewcs!**

Yr ystyr, yn ôl Glanmor Davies, yw 'Go to Halifax'. Roeddwn i'n trafod hyn gyda'r gŵr, a'i awgrym e oedd, gan mai porthladd pysgota fu'r Cei, y gallai'r gair 'hwewcs' ddeillio o'r Saesneg *whelks*. Taflodd hynny olau syfrdanol ar fy nhywyllwch. Yn wir, mae'n hollol bosibl fod 'Elcawawcs' ein teulu ni, yn ddau air yn wreiddiol, sef '(h)elca wawcs'. Pwy a ŵyr? Es i'n ôl at waith Glanmor Davies. Yr oedd ffordd arall o ddweud yno hefyd, sef

Cer i chwiban sgiadan.

Yr ystyr a roddid oedd 'Go and cry herrings'. Cofiais am ryw hen gân oedd wastad ar y radio pan oeddwn i'n blentyn o'r enw 'Calla Herring', a thybio bod 'calla' yn deillio o 'call' yn Saesneg. Ond dangos anwybodaeth oedd hynny. Ystyr iawn 'calla' yw ffresh, fe ddywedir. Hynny yw, sgadan ffresh newydd ddod o'r môr.

Hysbys y dengys y dyn ...

Hysbys y dengys y dyn
O ba radd y bo'i wreiddyn,

meddai Tudur Aled tua 1500: enghraifft brin o ba bryd a chan bwy cyfansoddwyd dywediad sydd wedi dod yn rhan o'r traddodiad llafar.

Mae mwy a mwy o bobl yn ceisio olrhain eu hachau heddiw. Mae rhai'n cael hwyl yn gwneud hynny eu hunain, ac eraill yn talu i arbenigwyr wneud y gwaith drostyn nhw, a'r enwogion yn gadael inni ddilyn y broses ar y teledu. Gorau oll os cân nhw hyd i uchelwr neu rywun cyfoethog iawn yn y llinach. Un rheswm am y diddordeb, meddai rhai, yw ceisio profi eu bod

yn well na'i gilydd.

Mae'n ymadrodd a ddefnyddiwn, yn aml yn wawdlyd, i ddisgrifio pobl eraill y tybiwn eu bod yn wahanol i ni ein hunain. Ar un wedd, mae diddordeb y Cymry mewn hel achau a holi perfedd yn ddiarhebol. Mae gwybod pwy yw pwy yn bwysig iawn inni, ac wn i ddim ydy pobl sir Gaerfyrddin yn graffach na'r gweddill ohonom, ond nhw biau'r disgrifiad hwnnw. Mae'n ddywediad defnyddiol dros ben wrth sôn am bobl sydd, mewn rhyw ffordd annisgrifiadwy, yn eu gweld eu hunain yn wahanol i'w cymdogion. Gellir synhwyro'r gwahaniaeth yn eu hymddygiad, yn eu ffordd o siarad a hyd yn oed yn eu presenoldeb.

Yn ôl yr hanes, nid yw'n anodd darganfod eich bod o dras frenhinol – dim ond i chi dderbyn y ffaith mai perthyn

o'r nawfed ach hyd angau

yr ydych. Pan fyddai gwŷr Pen-tyrch, Morgannwg, a sawl ardal arall, yn dechrau holi hanes a chysylltiadau dynion eraill, gallent sylweddoli eu bod yn perthyn o'r nawfed ach. Yn yr hen gyfreithiau Cymreig, yr oedd nawdd a lloches y tylwyth yn ymestyn hyd at y nawfed genhedlaeth. Er hynny, ofnaf, pe bawn yn mynd ati i chwilio fy achau, y byddwn yn debycach i'r cymeriad adnabyddus o sir Aberteifi a gafodd

ei stofi'n ŵr bonheddig ond bennodd y[r] [e]dafedd.

Weithiau cofir yr athroniaeth ond nid yr union eiriau, ac fe ddywedir:

Cafodd **ei stofi'n ŵr bonheddig ond doedd dim digon o wlân i bennu**.

Mae'n ddelwedd o'r felin wlân. Stofi yw'r gair lleol am roi carthen ar y gwŷdd neu hosan ar y gweill a'r dafedd, wrth gwrs, yw'r gwlân. Hynny yw, pan aeth y Bod Mawr ati i greu'r cymeriad hwnnw, roedd yn ei fwriad i greu gŵr bonheddig, ond daeth y gwlân i ben cyn iddo gwblhau ei waith. Mae'n ddweud cyffredin yn yr ardal am ddyn llawn gwynt a mawrdra ond heb lawer o allu. Hwn oedd y math o ddyn y dywedid amdano yn Hirwaun ei fod yn rhy ddiog

i wneud pwythyn o'i ddeg ewin.

Roedd ambell un yn mwynhau rhodianna yn ei ddillad swanc. Erbyn hyn, mae cael dillad newydd yn aml yn rhwydd, os oes arian yn eich poced i dalu amdanynt. Ond doedd dim arian sbâr gan bobl i brynu dillad slawer dydd, felly, yn sir Feirionnydd, roedd gweld rhywun yn swanco yn ei ddillad newydd sbon yn ennyn y sylw

Dillad yw'r dyn a dyn yw'r truan.

Cyd-weithiwr i mi oedd wastad yn drwsiadus oedd yn ei ddweud bob tro y sylwn ar ei ddillad newydd smart. Doedd e byth yn ymffrostgar; ond rwy'n cofio dwy ohonon ni'n gwylio dyn ifanc, oedd wedi bod yn chwaraewr rygbi yn ei ddydd, yn swagro mynd a'i 'ddwy ffolen yn siglo' yn iaith y ferch o Ystalyfera. Ond dywedodd ffrind wrthyf yn ddiweddar mai disgrifiad ei mam-gu o Lanbedr Pont Steffan o ben ôl yn ysgwyd oedd

fel dwy fferet mewn sach.

Roedd ambell druan yn colli pwysau nes taw

dim ond dau lycad a thrwyn oedd e.

Eto yn Hirwaun, gallai ambell grwt ysgol dyfu'n sydyn nes ei fod

mor dal ag ysgol groci (crocbren).

Mae gan ffrind o Dre-boeth ddywediad sy'n fwy ffwrdd-â-hi, ond yn llawn mor sicr ei ergyd pan fyddai rhywun yn swanco:

Fe ddaw'r hen fyd ag e i'w le, ma 'dag e siwt i siwto pawb.

Wedi dweud hynny, roedd pobl Ffair-rhos yn gwybod gwerth dillad smart:

Gwasgod gwta, britsh pen-glin
Wnaiff y crwt yn eitha dyn.

Rwy'n siŵr bod pawb ohonom, bob blwyddyn, pan feddyliwn am newid o ddillad trwm y gaeaf, yn cofio am *Don't cast a clout* ... Rwy'n gorfod crafu 'mhen i gofio'r ddihareb Gymraeg, ond dyma hi:

Paid diosg dy bais cyn dechrau Mehefin

neu yn ei ffurf wreiddiol, mae'n debyg,

Na ddiosg dy bais cyn y Dyrchafael.

Dydd Iau Dyrchafael yw'r dydd pan esgynnodd Crist i'r nefoedd.

Roedd pob mam yn falch o weld ei mab yn newid o'i ddillad gwaith ac yn edrych yn weddol drwsiadus ar y Sul. Fe sgrechais chwerthin pan ddywedodd hen gyd-weithiwr o Drewiliam yn y Rhondda fel y byddai ei fam yn bwrw ei llinyn mesur drosto cyn i'r teulu gychwyn am y cwrdd ar y Sul ac yn amlach na pheidio'n gweld bai arno:

Ma dy dei di fel pityn (sef pidyn) **corgi**!

Tybiais o'r dywediad hwnnw, er nad oes gen i brofiad o hynny, y byddai'r tei'n llac am ei wddwg am fod pidyn corgi'n hongian yn llac ac yn gam. Ond mae *Geiriadur Prifysgol Cymru* yn nodi fod **mor dynn â phidyn corgi**'n gyffredin ar lafar. Wrth feddwl, rhaid taw clymu ei dei'n rhy dynn a wnâi'r crwt, a dyna oedd y rheswm pam roedd yn hongian yn gam.

Mae ambell un yn ei faint yn ymddwyn fel plentyn os nad yw'n cael ei ffordd neu pan fydd yn eiddigus o rywun a achubodd y blaen arno. Dywedir yn lled gyffredinol am hynny,

Unwaith yn ddyn, dwywaith yn blentyn.

Gallai agwedd hwnnw droi'n 'Petawn i ond wedi …' Yr ymateb yn y sefyllfa yna fyddai

Petai a petasai fyddai dim yn eisiau.

Efallai taw'r ysfa am statws, am fod yn uwch na'r dyn drws nesaf, sydd wrth wreiddyn y diddordeb mewn achyddiaeth. Ond wrth ymgodi rhaid bod yn ofalus a chofio bod

Hen gof gan hen gi.

Gall cymdogion gofio am y fagwraeth dlodaidd a garw a gafodd ambell un sydd bellach yn rhodio'n fawreddog. Mae

Pry oddi ar faw godith ucha

yn iaith Uwch Aled, sir Ddinbych, neu

Cleren o'r domen sy'n hedfan uwcha

yn fersiwn Dre-fach, sir Gaerfyrddin, yn tanlinellu hynny.
Mae iaith Môn yn fwy cyrhaeddgar byth:

Y grym garwa, grym gwas.

Pan fydd dyn a fu unwaith yn was yn dringo i swydd o
awdurdod, gall fod yn fwy didrugaredd at y sawl sy'n gweithio
odano na'r un a aned i safle cymdeithasol uwch. Mae'n anodd
edrych dros ysgwydd a rhoi esboniad cywir ond dyna fy
nehongliad i, beth bynnag. Ceir yr un syniad sy'n deillio o
brofiad, yn ddiau, yn Swyddffynnon, sir Aberteifi:

Pan eith y forwyn yn feistres, gwae'r gwas.

Ceir grŵp arall o bobl sy'n gweithio'n galed ac yn haeddu
llwyddo ond am ryw reswm yn methu â dod i'r lan. Rhoddir y
bai ar eu cefndir a statws eu rhieni. Mae

Y sawl a aned i geiniog ddaw e byth i ddwy

a

Ddaw ffortiwn tair cinog byth yn rot (grot, sef pedair
hen geiniog)

i'w clywed ledled y wlad. Y syniad yw na thâl hi ddim i'r bobl
yma frwydro yn erbyn eu ffawd; derbyn eu rhan sydd orau
iddynt oherwydd na ddôn nhw byth

uwch bawd na sowdwl

yn ôl pobl Gwalchmai, Môn. O'r holl ddywediadau, dyna'r
anoddaf imi ei esbonio. Yr unig eglurhad rhesymegol a welaf
i yw nad yw'r fawd na'r sawdl byth yn codi ryw lawer oddi ar

y llawr pan fydd person yn ceisio camu ymlaen, ond pe bai'n dringo byddai ei fawd yn uwch na'i sawdl. Mae eraill o Fôn ac Arfon yn benderfynol mai'r ffurf gywir yw

uwch baw dy sawdl.

Ond er cryfed yr ysfa i ddringo ac er inni gyrraedd brig yr ysgol yn ein tyb ein hunain, mae hi bron yn amhosibl inni newid barn pobl eraill amdanom. Yn ôl dyn o'r Pwll, Llanelli, byddai ei fam a'i dad yn aml yn dweud, er mwyn tynnu'r gorau allan o weithiwr, rhaid bod

> **Y Cymro'n hanner meddw,**
> **Y Padi'n hanner starfo,**
> **A'r Sais a'i fola'n dynn.**

Do'n i erioed wedi'i glywed o'r blaen. Ond yn fuan wedyn, mi es i Abergwesyn, sir Frycheiniog, a dyma'r fersiwn a gefais yno:

> **Cin[i]o dda i'r Sais,**
> **Ishe bwyd ar y Gwyddel,**
> **A whisgi i'r Cymro.**

Yn ôl y gŵr a faged yno, cododd y dywediad adeg y Rhyfel Byd Cyntaf. Er mwyn iddynt weithio ar eu gorau, roedd gofyn rhoi bwyd i'r Saeson, llwgu'r Gwyddelod a rhoi diod feddwol i'r Cymry. Roedd y syniadau, yn ogystal â'r geiriau, yn hollol newydd imi. Wyddwn i ddim ein bod ni'n cael yr enw o fod yn genedl hanner meddw. Rhyfedd hefyd yw'r darlun sydd gan rai rhannau o Gymru o rannau eraill. Disgrifiad pobl Tregaron o bobl y Sowth (y cymoedd diwydiannol), yw

> **Milgi, mwfflar a 'Myn yffarn i',**

a disgrifiad gwŷr y milgwns o'u Cymraeg eu hunain yw

> **Cwmrâg cerrig calch**.

Caiff ei ddefnyddio wastad mewn ffordd ddiraddiol; 'Alla i ddim wilia 'ta chi. Cwmrâg cerrig calch s'da fi, cofiwch'. Dyma iaith Cwm Tawe ac fe'i gelwir wrth yr enw hwnnw, yn ôl un awdurdod, oherwydd bod y tai a godwyd yn yr ardaloedd hynny ar haenen o garreg galch.

Ond efallai taw'r gwir reswm yw mai Saeson o Wlad yr Haf a Dyfnaint oedd y cyntaf i weithio'r calch yn yr ardaloedd hynny. Er iddynt ddysgu digon o Gymraeg i gyfathrebu â'r brodorion, iaith ddigon sgaprwth oedd ganddynt ar y dechrau; mewn gair, 'Cwmrâg cerrig calch'. Yn yr un ardal, ceir

Dicon [h]awdd wilia (siarad)

gan awgrymu taw gweithredu sy'n anodd. *Talk is cheap* oedd fersiwn fy nhad. Yn Llansamlet, disgrifir iaith gymysg sy'n llawn o eiriau Saesneg yn

siarad cyllyll a ffyrcs.

Pwy a ŵyr pam? A disgrifiad pobl Brynaman, sir Gaerfyrddin, o iaith y gogledd yw ei bod yn

llawn rwch tach.

Glywsoch chi rywbeth tebyg erioed? Sylw fy ngŵr (sy'n ogleddwr!) yw 'A hyn gan bobl sy'n gorfod gwahaniaethu rhwng Upper a Lower Brynaman!'

Siew ben sielff

Erbyn hyn, mae statws y ferch wedi codi'n sylweddol yn y gymdeithas. Ond yn ôl yr hen ddywediadau, nid oedd ganddi lawer o statws o gwbl ar un adeg. Mae doethineb gwlad yn tystio'i bod yn ddinesydd eilradd. Mae'n amlwg mai dynion yn gwylio merched ifanc sydd wrth wraidd y syniadau hyn. Er enghraifft, yn y dyddiau a fu, pan ddeuai merch yn 15 i 16 oed roedd yn arferiad traddodiadol iddi newid steil ei gwallt, ac yn lle ei wisgo'n hir at ei hysgwyddau fe godai'r gwallt yn fwlyn ar gefn ei phen. Mae gwyrda sir Gaerfyrddin a Cheredigion yn dehongli hyn fel

dechrau codi'r sein (*sign*)

sef arwydd ei bod bellach yn fenyw ac yn barod i chwilio am ŵr. Ond er iddi godi'r sein, roedd yn rhaid iddi fod yn hynod ofalus a pheidio ag ymbincio gormod neu

posi ben seld

fyddai hi yng ngolwg rhai. Posi yw tusw o flodau sy'n ddigon pert i edrych arno ond a gedwir ar y seld am nad yw'n dda i ddim arall, neu'n rhy dda o bosib! Neu onid posi, yna'n

siew ben sielff

neu
ladi ben sielff.

Petai hi o ddifrif ynglŷn â chael gŵr, yna callaf peth fyddai iddi brofi i'r byd ei bod yn weithreg dda, oherwydd

Gwell yw bod cant ynddi na chant ganddi.

Yn Sir Gâr,

> **Mae canpunt ym môn ei braich yn well na chanpunt yn ei phoced**

a

> **Mae canpunt yn ei llawes hi yn well na chanpunt yn ei phoced:**

hynny yw roedd y gallu i weithio a'r gobaith i waith droi'n elw'n fwy o fuddsoddiad na swm o arian parod. Ond weithiau mae awydd dyn am fodd yn fwy na'i awydd am wraig i gydfyw a chydweithio ag ef. Mae bechgyn sir Gâr yn adnabod ei gilydd, a gall y naill ddweud wrth y llall,

> **Hoffi'r nyth wnaeth e, hoffodd e mo'r deryn eriôd.**

Hynny yw, roedd ei lygaid ar etifeddu fferm ei theulu ryw ddydd, gan mai merch ddigon plaen ei golwg oedd y briodferch. Fersiwn Gwytherin, sir Ddinbych, yw

> **Priodi'r deryn er mwyn y nyth.**

Ai

> **hen lwynog**

fyddai ef? Cyfrwystra yw prif nodwedd llwynog. Mae cymeriadu dyn felly yn golygu ei fod yn gyfrwys ym mhob ffordd – wrth ei waith ac yn ei ymwneud â'i gymdogion. Mae'r nesaf yn ddywediad digon cyffredin:

> **Ymhell bydd llwynog yn lladd.**

Ond y nesaf, o sir Aberteifi, sy'n cadarnhau fod ganddo nifer o gariadon mewn gwahanol fannau:

> **Mae llawer cell gan lwynog.**

Ond caiff y Cardi fentro bod yn ofalus, oherwydd

> **Mae i bob celwydd ei gymar.**

Roedd y gŵr bonheddig o Gwm-bach, sir Gaerfyrddin yn hyddysg iawn yn y pwnc hwn. Roedd e'n ddigon athronyddol am y sefyllfa:

Mae cân bert 'da deryn du, cofiwch,

hynny yw, er mai merch blaen yw hi, hyll hyd yn oed, mae ganddi gyfoeth mawr, a'i llais yn felys o'r herwydd. Ond weithiau, doedd cyfoeth hyd yn oed ddim yn ddigon. Mrs Catherine Margretta Thomas, Nantgarw, Morgannwg, piau'r nesaf. Ymateb negyddol gan ferched ifanc am fachgen o'r un oed oedd

Tasa ei ben yn our (aur) **a'i din yn arian, fynswn i ddim og** (ag) **e**.

Eto ym Morgannwg, cofiaf hen ŵr yn dweud wrthyf y byddai eraill yn edrych ar y sefyllfa ac yn ysgwyd eu pennau, gan ddweud,

Mae a (ef) **wedi clymu o'i** (â'i) **dafod beth na fisgiff a** (na ddatoda ef) **byth o'i ddannadd**.

Gall ambell wraig ifanc brofi'n ormod o goflaid i'w gŵr hŷn yn y pen draw, a'r ddelwedd a ddefnyddia'r gŵr yr adeg honno yw'r ddelwedd o wrych a ddylai fod wedi'i blygu'n ifanc er mwyn tyfu'n gryf a thaclus. Clywir ef yn cwyno:

O'dd hi'n goeden pan geso i hi, mae'n rhy hwyr ei phlygu nawr

neu

Dylai ei mam fod wedi'i phlygu 'ddi pan oedd hi yn ei phaish.

Câi sefyllfa dynion ei thrafod yn wahanol i sefyllfa merched, yn sir Fôn beth bynnag:

Hen lanc o'i fodd, hen ferch ar ei gwaetha.

Beth bynnag fo'r sefyllfa, ychydig iawn o ferched a gâi'r fuddugoliaeth; roedd hyd yn oed tŷ myglyd yn cael ei briodoli i hwyl y wraig. Ar y llaw arall, mae'n wir nad oedd dim yn waeth na mwg taro yn llenwi'r gegin i hala unrhyw wraig yn flin. Dywediad o'r gorffennol yw hwn erbyn hyn – prin bod neb â thân glo mwyach:

Tŷ mwglyd, gwraig bwdlyd.

Mae gan Forgannwg, Caerfyrddin a Cheredigion ryw amrywiad ar y thema honno. Ond mae'n ymddangos taw gwragedd gweddwon sy'n ei chael hi waethaf. Rhaid i bob gŵr ifanc ochel rhag

dagrau gwidw

gan na

All ange (angau) **ddim hala hibo gwidw.**

Hynny yw, ni all angau ei hun gael y gorau ar widw. Yn ei hiraeth a'i dagrau am ei gŵr, mae'n siŵr o hudo rhyw lanc diniwed ati am fod rhaid iddi gael rhywun i'w chynnal hi a'i phlant. Gall bachgen dibrofiad gael ei fachu cyn iddo sylweddoli dim. Nid delwedd ffeministaidd mo hon!

Dyma sut mae pobl Pontrhydfendigaid, sir Aberteifi, yn rhybuddio bachgen ifanc rhag ymserchu gormod:

Mae drâ[e]n ym môn y rhosyn

sy'n fwy caredig a rhamantaidd na dweud, 'Gofala di, mae twyll yn honna.' Mae gwŷr Cefneithin, sir Gaerfyrddin, yn ei atgoffa fod rhyw ddiffyg ym mhersonoliaeth pawb ac yn dweud hynny'n dyner a thosturiol:

Mae draenen yn nyth pob dryw bach.

Dylai wylio hefyd rhag

Gwên deg a gwenw[y]n dani,

chwedl pobl Ffair-rhos, oherwydd gall y wên hyfryd gelu'r twyll sydd yn y galon.

Ni ddefnyddir y dywediad nesaf ond yng nghyd-destun y wraig a fu'n torri ei chalon yn llafar a chyhoeddus ar farwolaeth ei chymar, ond sy'n priodi'n bur sydyn wedi hynny:

Y fuwch sy'n brefu fwya sy'n mynd i darw gynta.

Yn ôl y dystiolaeth lafar ym mhob ardal, mae'n dweud calon y gwir. Roedd ambell ferch ifanc yn priodi hen ŵr. Ni allai neb ddyfalu'n iawn beth oedd yn ei chymell.

Sarhaus mewn ffordd wahanol yw

Y gleren sy'n cwnnu o'r doman sy'n cwnnu uwcha

pan fo merch ifanc ddisylwedd yn partneru â rhywun uwch ei statws, ac yn teimlo'i bod wedi ymgodi. Cyff gwawd yw'r ferch yn y dyfyniad nesaf hefyd:

Fel modrwy aur yn nhrwyn hwch yw benyw lân heb synnwyr.

Ond wrth gwrs, Solomon, yn ei fawr ddoethineb, a ddywedodd hynny gyntaf, felly mae'n rhaid bod rhywfaint o wirionedd ynddo! O'i ddoethineb ef hefyd y tarddodd y cyngor i rywun a ymffrostiai yn ei wybodaeth ei hun:

Gwerth dy wybodaeth a phryn synnwyr.

Byddai llawer yn amenio hynny, rwy'n siŵr, gan gofio mai'r synnwyr mwyaf anghyffredin yw synnwyr cyffredin.

Rhaid cyfaddef ei bod yn bosibl taw merched eraill yn ogystal â dynion sy'n pwyntio bys yn y feirniadaeth sydd ymhlyg yn

Twyllo'r bola i ddreso'r pen,

sef disgrifiad pobl Morgannwg o'r arferiad sydd gan rai merched o gynilo ar fwyd er mwyn gwario'r arian ar ddillad newydd. Ar un adeg, ym mhob ardal, roedd digon o sïon yn awgrymu bod gŵr a gwraig yn cael bob o hanner wy wedi berwi i swper. Yr un meddwl sydd yn

Mae honno'n cario'r stât ar ei chefen

yn ne sir Aberteifi. Yn sir Fôn mae'r dweud yn fwy cynnil, ond yr un yw'r ergyd yn

steil a hirlwm.

Mae

steil ar ben stôl

yn ddigon cyfarwydd yn y de. Ond mae'r ychwanegiadau hyn yn rhoi mwy o ruddin i'r ystyr:

Mae steil ar ben stôl, a'r stôl ar ben pentan.

Y pentan yw'r lle bryntaf yn y tŷ. Fe'i dywedir am rywun sy'n ddigon blêr gartref ond sy'n torri cyt yn ei dillad dydd Sul. Ond mae'r rhybudd yn y fersiwn nesaf yn hollol amlwg:

Mae steil ar ben stôl;
Pan gwmpith y stôl fe gwmpith y steil.

Er taw stôl drithroed yn unig allai sefyll ar lawr anwastad, gallai honno hefyd foelyd yn rhwydd. Ffordd sir Gaernarfon o ddweud yr uchod yw

Baw ar ben pric.

Âi ambell fachgen gryn bellter i chwilio am wraig, gan anwybyddu'r merched yn ei gymdogaeth ei hun. Weithiau âi'r berthynas honno'n ffradach. Yr hyn a wnaeth ef, yng ngolwg ei gymheiriaid, oedd

mynd dros y bont i ôl dŵr trwbwl (tryblus).

Mae rhai dywediadau'n hollol ddidrugaredd. Er enghraifft, mae'n gyffredin dweud am fenyw ddidoreth mai

Trefen giâr ddu sy fanna.

Y dywediad ar ei hyd ym Morgannwg yw

**Trefen giâr ddu,
Dedwy mas
Cachu yn tŷ**.

Weithiau gwneir cymhariaeth rhwng

Morw[y]n gwŷr mawr a hwch melinydd

wrth ddisgrifio merch sydd eisiau mwy na mwy o hyd gan fod morwyn sydd wedi gwasanaethu yn nhai gwŷr mawr yn gyfarwydd â gweld llawnder. Câi melinydd ei dalu â chanran o'r blawd roedd yn ei falu. Mae hwch melinydd o'r herwydd hefyd yn gyfarwydd â chael pob peth sydd ei eisiau arni, sef llond bol o fwyd.

Wn i ddim a fwriadwyd i'r dyfyniadau isod fod yn ganmoliaethus ai peidio:

Gwell [y] **tyn gwraig na rhaff**.

Wrth iddo esbonio'r dywediad cefais ddau ddarlun pur wahanol gan frawd o Gwm-bach, sir Gaerfyrddin. Yn y cyntaf, soniodd am blentyn bach yn gwrthod bwyta'i fwyd ac yntau'n rhy ifanc i gael ei orfodi i wneud, a'i fam yn mynd ato ac yn llwyddo i'w dynnu i fwyta. Ond dyma ei ail ddarlun yn ei eiriau'i hunan: 'pan fydd ambell ferch wedi rhoi ei meddwl ar ryw fachgen, aiff ato a'i dynnu i'w phriodi. Mae rhaff yn torri, 'dyw ewyllys denu merch byth yn torri.'

Dyma'r ganmoliaeth orau a gâi merch. 'Clywais ef gan fy nhad lawer gwaith, yn nhafodiaith Llanboidy,' meddai gŵr bonheddig wrtha i:

Fe dowlith gwraig dda fwy mas trw'r ffenest â llwy fach na thowlith y gŵr mywn trw'r drws â rhaw.

Diguro ar y thema yma yw'r un a gefais yn Llangefni, sir Fôn, am ei fod mor syml a chynnil:

Gwraig a gŵr sydd yn y lle a'r lle.

Mae'r ystyr yn amlwg – y wraig sy'n gwisgo'r trywsus yno – ond gall gyfeirio at y drefn o ferch yn etifeddu'r fferm a'i gŵr newydd yn mynd ati hi i ddechrau eu byd. Yn Swyddffynnon, sir Aberteifi, dywedir am fachgen di-nod sy'n briod â merch gefnog:

All e ddim neud fel y myn e, **mae'r hosan dan y bais** fanna.

Ond ym Mhont-rhyd-y-fen, Morgannwg, caiff merched eu rhybuddio hefyd

[Dy]na **gnoc y dorth o ddyn** yw a (e).

Wrth grasu bara a'i dynnu o'r ffwrn, rhoddir cnoc i waelod y dorth i weld a yw hi'n gras. Os yw hi'n barod mae sŵn gwag iddi. Gall dyn fod yn wag ei ben hefyd. Yno hefyd, os yw person yn cwyno o hyd,

hen grwmpyn yw a.

Mae un hen ddihareb sy'n dal yn fyw yn Ffair-rhos:

Ni thorrodd Hywel nerth gwraig.

Yn fersiwn hŷn y ddihareb, Arthur yw'r arwr, ac mae'n debyg mai'r ystyr yw na lwyddodd hyd yn oed y brenin ei hun i dorri nerth gwraig, sef ei thafod. Ond pwy oedd Hywel?

Mae pob un o'r dywediadau a nodwyd uchod yn hen ond fe'u clywir o hyd. Ond dyma un a ddaeth o ogledd Cymru, yn y blynyddoedd diwethaf, am agwedd bechgyn modern tuag at ferched:

Twll [y]dy twll yn [y] twllwch!

Ddyweda i ddim mwy – wel, dim mwy na nodi fod y dywediad mor gofiadwy nid yn unig oherwydd y ddelwedd ond hefyd oherwydd yr ailadrodd mewnol cryf. Cyrhaeddodd y nesaf hefyd Goleg Aberystwyth o un o ysgolion Gwynedd, a'i throsglwyddo inni gan ein merch. Dau ddyn yn trafod merch siapus a rhywiol: y naill yn gofyn i'r llall, 'Fasat ti'n rhoi un i honna?' A'r ateb oedd,

'Baswn [y]li! **Efo 'nhraed yn tân a Mam yn watshad!**'

Wrth gicio a brathu

Mae'r geiriau

dechre'u byd

wedi bod yn troi yn fy meddwl yn y misoedd diwethaf. 'Amser dechreuon nhw eu byd ...' meddai pobl sir Aberteifi, tra

dechrau byw

yw un o gyfatebion y gogledd, ac mae'r ystyr yn gyfarwydd. Rwy'n cofio pan fentrais i'r byd priodasol newydd hwnnw, penderfynais droi at y dywediadau i chwilio am air bach o gyngor, neu o gysur hyd yn oed. Rwy'n amheus a oedd ei

lycid (llygaid) **dy' Sul**

fel y dywedir yn Ystradgynlais, sir Frycheiniog, wedi bod arna i chwaith. Pam **llycid dy' Sul**? Am y cedwid y pethau gorau, ym mhob man, at y Sul? Yn y capel, yn y sêt tu ôl i'r cloc yr hoffai'r llanciau ifanc fod. Roedd y merched a'r morynion yn eistedd ar lawr y capel gyda'u teuluoedd, ac yn gorfod ymddwyn yn barchus.

Roedd ambell ferch ifanc yn gweld ei ffrindiau'n priodi a hithau heb neb, ond ym Morgannwg byddai rhywun yn y teulu bob amser yn barod i roi gair yn ei chlust, neu efallai air o brofiad:

Yn sytan (sydyn) **daw dy' Satw[r]n**

sef y dydd y byddai'n rhydd i gwrdd â rhywun, neu efallai ddydd priodas hyd yn oed. Mae hynny'n fwy gobeithiol a pharchus na dweud

Pob tebyg a gwrdd fel dafad a hwrdd.

Yn anffodus, cymdeithas symudol sydd yng Nghymru heddiw. Roedd dafad a hwrdd yn byw ar yr un ffriddoedd, ac felly roedd yn amhosibl iddyn nhw beidio â chwrdd.

Dim ond yng nghyd-destun caru a phriodi y clywais y dywediad nesaf. Mawr oedd fy siom pan glywais yr hyn oedd gan bobl Aberdâr i'w ddweud am y sefyllfa, a minnau ar fin croesi'r trothwy:

Dicon [h]awdd prioti, byw sy'n anodd.

Yr ymateb a gefais gan wraig ym Menllech, â thinc doeth, hunanfoddhaus yn ei llais, oedd

Fyddwch chi'n gwbod rŵan be ydy mynd i'r afael â'r byd.

Yn goron ar y cwbl, mae pennill sir Gaerfyrddin a sir Aberteifi:

Ar ôl priodi
Mae gweld caledi
A mynd i'r llety llwm.

Digon hawdd chwerthin am ben yr enghreifftiau uchod, a meddwl mai rhyw dynnwr coes a fu wrthi'n eu cyfansoddi, ond mae sŵn rhybuddiol difrifol yn yr enghraifft hon o Langeitho, sir Aberteifi:

Pacyn lwc yw priodi.

Hynny yw, fe allwch ddigwydd bod yn lwcus a chael priodas hapus ond fe all droi fel arall hefyd. Cawsom ein rhybuddio yng nghân fythol-wyrdd Caryl Parry Jones fod chwarae'n troi'n chwerw ond slawer dydd ar lafar ym Morgannwg, pan oedd plant yn chwarae'n ddwl neu'n chwerthin yn wyllt, roedd hyn yn rhybudd:

Ma [ch]wara'n troi'n [ch]werw.

Yn y dyddiau a fu, roedd parau'n gallu caru am flynyddoedd, ac felly roeddynt ymlaen mewn oedran cyn priodi, oherwydd y sefyllfa deuluol yn aml. Roedd pob Môn yn awgrymu

Hir garu, mawr guro.

I'r gwrthwyneb yw hi ym Morgannwg:

Byr i garu, [h]ir i wado

(ystyr 'wado' yw bwrw neu daro).

Ond roedd ambell bâr, yng Nghefneithin, sir Gaerfyrddin, yn

Codi crys cyn *ring* ar y bys.

Ym Morgannwg, wrth weld hen ŵr yn priodi merch ifanc, dywedir

[H]enach, [h]enach, ffolach, ffolach.

Ond y dywediad a'm sobrodd ac a'm cadwodd rhag mynd ar fy mhen i bwll anobaith yw'r cwpled a gafwyd yng Ngwytherin, sir Ddinbych:

Rhaid dechrau byw trwy gymorth gras
Mewn clos pen-glin a ffedog fras.

I mi, mae'n taro'n onest ac yn ostyngedig. Ei athroniaeth mae'n debyg yw bod gofyn cydweithio, y gŵr yn ei glos pen-glin a'r wraig yn ei ffedog fras, ynghyd â dogn da o ras ac amynedd os ydyw priodas i lwyddo. Gallai hynny ddigwydd, yn y de, wedi cyfnod yn

caru'n drâd ei sana.

Sonnid felly am was yn caru'r forwyn lle gweithiai. 'Codi o'i wely ei hunan a mynd at y forwn' oedd disgrifiad un wraig ohono. Ond byddai hefyd wedi tynnu ei esgidiau cyn mynd ati fel na fyddai neb yn ei glywed yn crwydro. Dyma atgof hefyd, mae'n debyg, o'r hen arfer o garu yn y gwely oedd yn cael ei derbyn gan y gymdeithas gan fod y cwpwl yn dal i wisgo'u dillad – neu o leiaf, dyna oedd y gobaith! Dewisid gwraig yn ôl ei gallu i weithio. Dywedir

Nerth gwraig yn ei braich

ond dywed eraill, yn fwy negyddol,

Nerth gwraig yn ei thafod.

Mae llawer o wragedd yn ddigon caredig wrth ei gilydd ac yn barod i wneud cymwynas, ond ar yr un pryd, yn gwneud yn siŵr fod pawb yn gwybod hynny hefyd. Ym Mhont-rhyd-y-fen, Morgannwg,

R[h]odd a blo[e]dd yw honna.

Yn yr un man, maen nhw'n sylwi ar fenyw sydd nawr yn ei gweld ei hunan yn dipyn o foneddiges, er iddi gael ei geni i deulu digon tlodaidd:

Ledi fonheddig a baw ar ei menig.

Efallai ei bod mor snobyddlyd ei ffordd fel na

Nesa i (Wnâi hi) **ddim pwyth o'i** (â'i) **deg ewin.**

Dyna sut y disgrifiwyd menyw ymagweddus yn Hirwaun. Mae'r un bobl yn sylwi ar gyfeillgarwch sy'n ymddangos yn rhy glòs:

Ma'n nhw'n drwyn yn drwyn â'i gilydd.

Personoliaeth arbennig iawn oedd y wraig o Bont-rhyd-y-fen. Roedd ganddi ddywediad at bob digwyddiad. Ei ffordd hi o grynhoi'r sefyllfa pan oedd rhywun yn addo rhywbeth ond byth yn ei gyflawni, a'r person hwnnw yn twyllo pawb oedd yn ddigon ffôl i'w chredu, oedd dweud:

Promish ddē ymell yn ôl i gatw'r ffôl yn fo[d]lon.

Barnai hefyd y dylai pobl ofalu eu bod yn cadw cwmnïaeth dda:

Mae ymddiddanion drwg yn llygru moesau da.

Gwrandewch ar ei llais: 'Ma rhai â llwon brwnt, brwnt. Os bydda i'n diall bo rywun yn dechra llefaru, wi'n gweud 'thyn nw. Wi ddim moyn dim o 'wnna! Dim!' Mae llefaru'n air mwys am dyngu a rhegi. Ym Mronnant, sir Aberteifi, y farn yw

Gwraig dda, llaw ddeheu ei gŵr ydyw.

Mae'n rhaid bod hyn wedi bod yn wir am sawl fferm fach ers talwm. Y wraig fyddai'n cadw'r arian a gâi am werthu'r menyn, y caws a'r wyau, ac mewn blwyddyn lom gallai hynny fod yn fwy nag a wnâi'r gŵr o'r anifeiliaid. Ond troir y dywediad ar ei ben, hefyd, yn Llanboidy, sir Gaerfyrddin, wrth sôn am wraig wastrafflyd:

Mae hi'n taflu mwy allan drwy'r ffenest na ddaw ei gŵr i fewn drwy'r drws.

Ydy'r ail fersiwn yn perthyn i genhedlaeth iau, o bosibl? Yn yr un ardal, gall rhai gwragedd ymfalchïo fod ganddynt

Le i bob peth a phopeth yn ei le.

Prin iawn yw'r achlysuron pan glywir barn y merched. Ond ambell waith pan fyddai criw o ferched ifanc yn trin a thrafod gwahanol fechgyn, gallent fod yn llym iawn. Roedd ambell fachgen yn cael yr enw o drin merched mewn ffordd arw a diurddas a sylw y pryd hynny ym Mronnant, sir Aberteifi oedd

Mae hwch yn twrio wrth naturieth.

Deellais, ar y pryd, mai'r hwch oedd y dyn yn yr achos yma. Roedd yn well gan ambell ddyn ifanc fwynhau ei ryddid gan deimlo'i fod yn dipyn o garmon.

Yn Ffair-rhos, mae

Wrth hir grafu mae cathe'n mynd ynghyd

yn cyfeirio nid yn unig at briodas ond hefyd at ddau elyn sydd wedi gorfod cymodi. Mae amgylchiadau'n tynnu pobl at ei gilydd. Cyngor da o'r un ardal pan fydd rhywun yn teimlo fel ymyrryd rhwng gŵr a gwraig yw

Peidwch **mynd rhwng y rhysgl a'r pren**.

Agwedd hollol ymarferol oedd gan ein teidiau at briodas. Dewis gŵr neu wraig oedd yr arferiad, nid syrthio mewn cariad, gan fod ystyriaethau economaidd yn gorbwyso unrhyw ystyriaethau eraill.

Yn ddigon naturiol, roedd tipyn o farnu ar y dewis, a'r briodas yn destun siarad yn yr ardal, a'r sôn yn mynd ar led fod hon neu hwn wedi

priodi'n uchel

os oedd rhywun wedi priodi â mab neu ferch fferm sylweddol, neu wedi

priodi'n ishel

petai merch fferm wedi priodi gwas. Roedd ambell ŵr fyddai'n dweud ar goedd gwlad sut oedd gwneud pethau ac yntau fel arfer ddim erioed wedi

cwnnu tŷ

yn ôl pobl Godre'r-graig; hynny yw, wedi darparu cartref. Ond mae un ddihareb yn dweud taw

Dyn wnaiff dŷ, gwraig wnaiff gartre.

O leiaf dyna oedd y drefn ym Mhren-gwyn. Yn Swyddffynnon, hefyd yn sir Aberteifi, y merched fyddai'n siarad ymhlith ei gilydd os taw morwyn oedd y briodferch, neu un ddigon di-sut, a hithau'n priodi ffermwr:

Mynd yno yn lle morwyn mae hi

a gallai dynion fod yn eithaf dirmygus o briodasau dynion eraill, gan wneud y sylw am ambell bâr mai

trefan y baish sy fanna

sy'n ffordd o ddweud lawer Cymreiciach nag awgrymu mai

hi sy'n gwishgo'r trwsys.

Mae un ddihareb yn sir Frycheiniog a ddyfynnir wrth sôn am y glendid sy'n angenrheidiol i'r math o waith y disgwylir i'r wraig ei wneud:

Slwt naiff fenyn ond raid ca'l yswi i neud caws.

Gwraig sy'n giamster ar y grefft o gadw tŷ a darparu bwyd yw 'yswi'. Daw'r gair o'r un bôn â 'housewife' yn Saesneg. Yr oedd un grefft yr oedd yn rhaid i bob gwraig ei meistroli, un na lwyddais i erioed i'w gwneud, sef cynnau tân:

Y sawl a gynno dân a gynnal dŷ.

Ond rwy'n cofio mai fy mam a gynheuai'r tân yn ein tŷ ni. Os oedd merch yn un dda ac yn fedrus wrth gynnau tân, dywedid y gwnâi wraig dda a threfnus. Ceir ambell ddywediad a grëwyd i godi mwnci, neu wrychyn merched, fel yr un o sir Gaerfyrddin,

Merch yn chwibanu haedda ei fflangellu.

Fel arfer, byddai'r ddau deulu'n cyfrannu tuag at helpu'r pâr i sefydlu cartref a dechrau'u byd yn iawn. Ac onid oedd y naill deulu mewn ffordd i wneud hynny, byddai'n rhaid i'r llall

godi'r ddwy ochor i'r clawdd.

Wn i ddim yn iawn sut i ddehongli'r ddelwedd, ond wrth godi neu drwsio clawdd terfyn rhwng dwy fferm, byddai'r ddau ffermwr yn cydweithio i gyflawni'r dasg, y naill a'r llall yn gweithio o'i ochr ei hun. Ond weithiau, oherwydd prinder gweithwyr neu esgeulustod, efallai, fe fyddai'n rhaid i un teulu fynd yn gyfrifol am y cwbl, er bod hynny'n groes i'r graen, sef codi'r ddwy ochr i'r clawdd. Dyma eiriau doeth tad i'w ferch yn Aberdâr, Morgannwg:

Cadw di'r pantri'n lân, gofalith e ei gadw'n wag.

Y rhaniad arferol o ddyletswyddau yn y dyddiau hynny fyddai i'r wraig ofalu am y tŷ, a'r gŵr oedd yn ennill y cyflog ac yn llenwi ei fol. Peidied neb chwaith â disgwyl bywyd diofid. Ym Morgannwg, rhoddir y cyngor doeth:

Dos dim un hewl heb dro.

Gyda llaw, os ydych â'ch bryd ar briodi a chithau'n bengoch, cewch eich rhybuddio i beidio â dewis cochyn neu gochen, oherwydd yn ôl pobl Môn a sir Gaernarfon,

Dau goch neith gythral,

gan dderbyn yr hen goel bod tymer gan bobl bengoch. Weithiau, byddai rhywun yn crwydro'n bell i gael hyd i gymar er y ceid ei well yn nes adre. Roedd cryn feirniadu ar hynny.

Mynd dros yr afon i ôl dŵr brwnt

oedd sylw'r cymdogion doeth os nad oedd y ddau yn gallu cyd-fyw wedi'r cwbl. Roedd disgwyliadau'r teulu, a'r mamau yn arbennig, yn uchel hefyd. Cofiaf am rywun o sir Aberteifi'n caru gyda Saesnes. Roedd hi'n ferch hardd a thyner, ond roedd aelod o'r cwmni'n adnabod mam y bachgen. Ymateb hwnnw oedd, 'Os clywiff ei fam am hyn bydd

ei grôn e ar y pared!'

Mae'n hyfryd weithiau cael cwmnïa â phobl o gefndir gwahanol ac o genhedlaeth hŷn na chi. Roedd dyn hŷn na Nhad ar y pryd, rwy'n siŵr, yn darllen yr hysbysfwrdd yn y festri oedd yn ein gwahodd i ryw ddrama neu gyngerdd. Doedd yr un ohonom yn deall yr hysbyseb yn iawn a dyma fe'n dweud,

Beti'n darllan a finna'n dallt.

Yr awgrym oedd mai'r wraig oedd y ddarllenwraig ond mai ef oedd y gorau am ddehongli sefyllfaoedd. Roedd y Monwysion yn edrych ar fyd yr anifeiliaid wrth chwilio am eu cymar:

I bob brân mae deryn du ac i bob mul mae sgwarnog.

Roedd yr hen frân druan odani'n aml, a rhaid derbyn yr ail linell:

Dechrau brân yw deryn du
A dechrau dyn yw mwnci.

Sylw cynnar ar esblygiad, efallai? Gwnaethpwyd sylwadau dirmygus tu hwnt am honiadau gwyddonwyr cynnar megis Huxley a Darwin ar darddiad y ddynolryw, gan fod yr hyn a ddywedent yn gwbl groes i ddysgeidiaeth y Beibl.

Gwelid ambell ddyn oedd yn llygadu gwraig weddw yn penderfynu taw'r dull gorau i esmwytho'i ffordd oedd

mwytho'r llo i blesio'r fuwch

sef ceisio ennill ffafr y plant yn gyntaf; neu efallai mai'r rhai a wyliai'r symudiadau o bell oedd yn meddwl fel yna. Y cyngor i'r fam oedd i droedio'n ofalus. Pan fyddai dyn o Fôn yn priodi â gwraig weddw a phlant ganddi, sef

teulu redi-mêd,

fe fyddai'n

cael buwch â llo wrth ei throed hi.

Rhaid ystyried hefyd pwy yw'r tad, oherwydd

Tebyg i ddyn fydd ei lwdwn.

Mae pawb yn barod iawn i ddoethinebu wrth y pâr newydd ond dyma gyngor hollol ymarferol ar sut i fyw'n gymdogol:

Câr dy gymydog a chadw dy glawdd,

hynny yw, byddwch yn gyfeillgar â'ch cymdogion. Siaradwch â nhw a rhowch iddynt dros y clawdd, ond peidiwch byth â diwreiddio'r clawdd sy'n eu cadw rhag bod yn orgyfeillgar. Dywedir bod llawer o ddadleuon rhwng tirfeddianwyr wedi codi oherwydd cyflwr y cloddiau.

Cyhuddiad a glywir yn erbyn y ddeuddyn hapus yw bod teulu'r wraig yn cael croeso mawr ar eu haelwyd ond nad yw teulu'r gŵr mor ffodus. Mae

Teulu'r wraig, dowch i'r gell,
Teulu'r gŵr, sefwch ymhell

yn hen gred yn Llangefni, Môn.

Mae dawn ac iaith Gerallt Pennant yn ei erthyglau wythnosol yn *Y Cymro* bob amser yn fy swyno. Agorodd ei golofn yn dilyn Eisteddfod Bro Morgannwg 2012 trwy gyfeirio at farn yr hen Gymry am natur teuluoedd mawr: 'Teuluoedd sy'n llwythog o gefndryd, gorwyrion a defaid duon', a nodi

Rho di gic i un a bydd y lleill i gyd yn gloff.

Ar y pryd, roedd yn disgrifio'r planhigyn *Euphorbia griffithii* 'Fireglow'! Mae'n ddelwedd wych sydd hefyd yn peri inni gofio y câi hen elyniaeth ei throsglwyddo o genhedlaeth i genhedlaeth.

Gall y berthynas rhwng dau deulu weithio er lles y ddau pan fydd y naill yn deall rheolau'r llall, a'r gymuned i gyd yn gwybod sut mae rhyngddyn nhw. Felly, mae yn Aberdâr:

Rwt (Rhwbia) di (fy) ngefan i, a (fe) rwta i dy gefen di.

Cefais stori hyfryd ym Melin Ifan Ddu, yn yr un sir. Roedd y siaradwr yn cofio clywed ei dad yng ngorsaf Pen-y-bont ar Ogwr yn tynnu coes rhyw hen fab (sef hen lanc) a oedd mewn tipyn o oedran ac yn bwriadu priodi merch ifanc, gan ddweud wrtho y byddai'n

Gwerthu'r hawddfyd i brynu'r gofid.

Dyma gyngor gwych y byddai'n dda gen i petai rhywun wedi'i roi imi cyn imi ddechrau ar y daith hir! Pobl sir Forgannwg a ddywedai

Paid â charu arian ond cer i garu lle ma arian i gâl.

Ond ochr arall y geiniog yw

A geir yn rhad a gerdd yn rhwydd.

Mae'n wir am eiddo ac am berthnascedd. Ond mae rhai pethau na ellir eu prynu ac sy'n bwysicach nag arian. Ym Morgannwg, dywedir

Mae dyn yn glawd os yw'n glawd o ddyn.

Clywais ffrind imi o Dreboeth yn disgrifio sefyllfa rhywun a dweud ei fod yn 'ddiddyn'. Doedd ganddo neb i droi ato mewn argyfwng. Hi hefyd ddywedodd na ddylid barnu neb yn ôl yr allanolion:

Nid wrth ei wishg ma napod dyn.

Pobl Morgannwg sy'n sôn am

y werin gyffretin

ac wedi bod ar lan bedd, dywedent

O'dd werin ofnatw yn yr anglodd,

sef llawer iawn o bobl. Athroniaeth llawer o bobl yn yr un ardal oedd

Caled yw bywyd, clyd yw'r bedd.

Rwy bob amser yn rhyfeddu bod dywediad at bob sefyllfa, yr un fath â'r nesaf. Dyma ferch ifanc yn priodi hen ŵr:

Gŵydd flwydd a chlacwydd canmlwydd.

Ai fel yna y mae ymysg y gwyddau? Pan fydd gŵydd wedi gorffen dodwy, caiff ei lladd ar gyfer y ford ond bydd y clacwydd yn dal yn ei rym am flynyddoedd. Ond y cyngor a gâi hen ŵr mewn sawl sir fyddai i gymryd gwraig ifanc oherwydd

Anodd plygu hen bren

neu yn sir Benfro

Gellir plygu'r gangen, ond rhaid torri'r goeden.

Wn i ddim beth ddigwyddodd i'r hen fab, druan ag e, ond credai pobl Ceinewydd mai

Angladd a phriodas a ddwed y dyn.

Mae'n ddweud mawr ac yn anodd ei ddirnad, onid yw'n awgrymu bod y ddau amgylchiad yn gofyn gwroldeb. Ond rhaid adnabod y darpar gymar a'i ffaeleddau cyn mentro:

Gwell y drwg a ŵyr dyn na'r drwg na ŵyr.

Hyd yn oed wedyn, dywed rhai

Mae ei le yn well na'i gwmni.

Câi ambell ddyn ei gamarwain, wrth

briodi buwch gyflo

neu

briodi dou'r un bore

a gâi ei ddweud yn sir Aberteifi. Ond weithiau, gwelir elfen o gydymdeimlad hefyd â bachgen a wnaeth y dewis anghywir. Dywedir am un a fu'n caru llawer ond a briododd â hen sgrafell yn y diwedd,

Fe bigodd y ddraenen ymhlith y blode.

Ar ôl priodi, y dasg fwyaf oedd

cael dau ben y llinyn ynghyd.

Fel hyn y dywedodd rhywun o sir Fôn: 'Hoff ymffrost gwraig y gweithiwr oedd medru talu am bob peth a pheidio mynd i ddyled. Yr hapusrwydd oedd cael dau ben y llinyn ynghyd. Roedd hi'n hapus heb ddim yn sbâr i roi cwlwm ynddo.' Ar y llaw arall, fe fyddai rhai, mewn llawer ardal yn y de, yn gorfod

dal llygoden a'i byta.

Yn 1833-4, newidiwyd cwrs afon Rhymni, sir Fynwy. Cyflogid dynion o bob cenedl a brid i wneud y gwaith caib a rhaw, a bach iawn oedd y cyflog. Dywedir mai

byw ar datws a sgatan

a wnaent, sef mewn rhannau o'r gogledd

byw wrth fin y gyllell.

Yn y gogledd hefyd, cyfeirid at ambell le fel

Tyddyn Llwgfa.

Mae rhai'n magu bloneg ar ôl priodi, eraill yn gwaethygu a cholli tir nes eu bod yn edrych fel petaent

yn byw ar gawl pen lletwad

yn ôl gŵr o Abergwesyn, Brycheiniog neu yn

byw ar [o]leuni dydd a dŵr

yn ôl pobl Môn. Mae digonedd o gymariaethau yn disgrifio sut mae pobl yn byw. Os ydynt yn byw yn gytûn, maen nhw, yn Aberaeron beth bynnag,

fel Philip a Siani.

Ar y llaw arall, roedd ambell ŵr fel

Sioni bob ochor.

Ond yn ôl y wraig o Bont-rhyd-y-fen, yr hen ddywediad am rywun dauwynebog oedd

[H]ys 'ta'r ci a how 'ta'r canddo (gyda'r cadno, llwynog).

Os yw'r pâr yn ffraellyd, maen nhw

fel ci a hwch

neu

fel cŵn a moch

yn gyffredinol yn y de, ac

fel dau dincar

neu

fel potsiwrs

yn y gogledd. Ac fel sylw olaf ar y pwnc hwn, os ydych yn paratoi i fentro i'r stad briodasol, cofiwch eiriau'r Monwysion:

Mae llawer llwyth o ŷd wedi troi wrth borth yr ardd.

Natur y cyw

Mae'r dywediadau, ar y cyfan, yn ymwneud â phob agwedd ar fywyd, ond ychydig o sôn sydd ynddynt am blant ac am famolaeth. Yn yr oes hon sy'n rhoi cymaint o sylw a maldod i blant, mae'n anodd dirnad hynny, ond y gwir yw nad oedd plentyndod yn para'n hir yn y gorffennol. Roedd bechgyn yn mynd i weini tua'r un ar ddeg oed a merched yr un oedran yn gorfod helpu i fagu'r plant llai. Hyd yn oed yn y 1940au roedd y rhan fwyaf o blant yn gadael yr ysgol yn 14 oed ac yn gorfod mynd i weithio. Dyna'r rheswm, debyg, pam mae cyn lleied o'r dywediadau yn ymwneud â'r cyfnod cynnar yna.

Gallai rhai plant, yr adeg honno hefyd, fynd ar gyfeiliorn ond er hynny, yr un yw'r teimlad yng nghalon y fam. Mae'r ddihareb nesaf yn crynhoi hynny'n berffaith:

Bydded du neu wyn, da gan bob gafr ei myn.

Gorfod imi chwerthin pan gefais y pennill yma yn Llangefni, sir Fôn. Doeddwn i ddim wedi crybwyll y pwnc, y gŵr bonheddig a'i dygodd o bellter ei gof:

Mamaeth lon a mamaeth lawan
Wneith y tro i fagu bachgan.
Rhyw hen slwt os bydd hi'n fama[e]th
Wneith y tro i fagu genath.

Pwy luniodd y pennill hwnnw? Fel mam i fab a merch, mae'n anodd gen i dderbyn hynny! Yn ôl *Geiriadur Prifysgol Cymru*, gall mamaeth olygu rhywun sy'n magu plentyn gwraig arall ar ei bron. Ai dyna'r ystyr fan hyn? Go brin. Efallai fod y dywediad yn adlewyrchu coel – ac efallai wirionedd – yr hen oes (ac sydd heddiw yn gyffredin yn y Trydydd Byd), sef bod bachgen yn fwy gwerthfawr yn ariannol i deulu: ef fyddai'n etifeddu beth bynnag oedd i'w gael Roedd hefyd yn gred gyffredinol fod bechgyn yn fwy anodd eu magu na merched. Yr unig ddywediad sy'n gyffredin i bob ardal, yn fy mhrofiad i, yw

Mae poen wrth fagu plant,
Mae'n dyblu ar y diblant.

Hynny yw, er bod plant yn flin ac yn anhydrin weithiau, mae bywyd gyda phlant yn argoeli'n well at y dyfodol na bywyd di-blant. Mewn gwirionedd, pan oedd Cymru'n wlad amaethyddol, roedd yn rhaid cael plant i gynorthwyo gyda'r gwaith oedd ar y fferm. Roedden nhw hefyd yn bolisi yswiriant i'r dyfodol. Cyn dyddiau'r Lloyd George a'r Wladwriaeth Les, roedd y plant yn gorfod cymryd y cyfrifoldeb o ofalu am eu rhieni yn eu henaint. Mae dull gwŷr Llansamlet o fynegi'r un syniad yn hynod. Yn yr ardal honno, y farn oedd fod y bachgen fel

mochyn yn y twlc

i'w fam. Gyda mochyn yn y twlc, roedd y teulu yn dawel eu meddwl bod ganddynt rywbeth wrth gefn ac na welent eisiau. Yn yr un modd, pan fyddai gan wraig weddw fab, gwyddai na fyddai byth heb dân a tho. Ond wrth egluro'r ystyr, cyfaddefodd y siaradwr fod llawer llai o hynny'n digwydd heddiw.

Roedd sicrwydd yr arhosai mab ar y fferm trwy gydol ei oes er y byddai yntau ymlaen mewn oedran yn aml yn priodi, ond byddai'r olyniaeth yn sicr. Âi'r ferch gyda'r gŵr i fferm y teulu yng nghyfraith. Ond tra bo'r plant yn ifanc roedd trafod cyfrinachau'r teulu neu'r fro o'u blaen yn beryglus, oherwydd

Mae siswrn bach yn torri'n bell.

Mae syniadau am fagu plant a sut i drin babanod wedi
newid, ond mae neiniau sir Gaernarfon a sir Fôn yn
dal i rybuddio'u merched am ofalu rhoi digon o ddillad
amdanynt oherwydd

Mae babi bach yn rhewi pan fo pig y frân yn toddi.

a

Pan fydd adar yn chwysu bydd babi yn rhynnu.

Mae hwn yn wyddonol gywir, fe ddywedir. Cawn ein cynghori
i wisgo digon o haenau o ddillad pan fydd hi'n oer iawn fel bo'r
gwres yn cael ei gaethiwo rhwng pob haen. Dyna'n union sy'n
digwydd i'r adar. Mae eu pluf yn codi'n haenau ac er bod y
gwynt yn gafael, nid yw'r adar yn oeri. Er i'r tywydd dyneru,
os yw babi i fod yn ddiddig rhaid rhoi digon o ddillad amdano,
yn ôl yr hen ddoethineb. Un cyngor anhygoel a gefais yn Ffair-
rhos yw rysáit am atal cenhedlu:

> Ceisiwch afu dwy lysywen
> A dwy leden yn y glyn,
> Swigen penwhigyn, afu morgrugyn,
> Deunaw ewin greienyn gwyn.
> Afu malwod, lla[e]th y llygod
> Bloneg draenog, sgyfen (ysgyfaint) **dryw,**
> Hyn a geidw'r eneth ifanc
> Rhag beichiogi tra bo'i byw.

Mae elfen o gwlwm tafod yn hyn. Y bwriad, wrth gwrs, oedd
atal cenhedlu y tu allan i briodas. Ym Mhennant, yn yr un sir,
pan na fyddai gwraig yn llwyddo i feichiogi, y cyngor oedd
i roi iddi wreiddyn mintys. Wrth ddweud, ychwanegodd y
wraig, 'Ma tipyn o wir yn hynny.'

Ceir llond gwlad o ymadroddion pert a ddefnyddir wrth
anwylo plentyn. Ni allaf dystio bod y genhedlaeth hŷn yn eu
defnyddio gyda'u plant eu hunain ond gallaf dystio eu bod yn

eu defnyddio gyda'u hwyrion. Mae'r tair enghraifft nesaf yn dod o ardal Tregaron:

Allen i dy lyncu di'n ddihalen.

Fel arfer, ychwanegir halen at fwyd i'w flasu a gwae'r gogyddes oedd yn anghofio'i roi, ond mae'r plant hyn yn ddigon blasus yng ngolwg eu mam-gu i'w bwyta heb halen. Neu

Wyt ti werth y byd, a swllt.

Mae'r plentyn yn amlwg yn werth mwy na'r byd i'w rieni. Mae'r swm yn gwneud i rywun feddwl am swllt o ernes, ac am yr arferiad o roi darn o arian gwyn i fabi newydd. Ond wn i ddim beth yw'r esboniad iawn. Mae'n haws esbonio'r enghraifft nesaf:

Wyt ti fel 'y nou lygad mentyg i.

Mae'n ddarlun pert a ddefnyddir wrth chwarae â phlentyn bach. Gellir yn hawdd gredu bod y fam-gu'n gweld pethau o'r newydd trwy lygaid plentyn. Ond nid yw bywyd plentyn yn fêl i gyd. Pan fydd y chwarae'n troi'n chwerw mae rhieni Cefneithin, sir Gaerfyrddin yn bygwth

Ma'r jini fetw'n cyrnu (crynu) **isha gwaith.**

Cyfeiriad at y wialen fedw oedd yn segur wrth ochr y lle tân yn aros am waith yw hyn. Pan ddefnyddid hi, gwae'r pechadur:

Cas ei wado (curo) **nes bo'i ened e'n [ch]ware.**

Roedd y genhedlaeth hŷn wastad yn edrych yn ôl ac yn difaru bod agweddau wedi newid cymaint. Yn Rhymni, y gŵyn oedd, 'Ma plant (h)eddi,

[w]nân nw ddim pen pwyth iti.'

Ond gallent hefyd fod yn ddigon plaen eu tafod pan fo gofyn. Cofnodwyd y nesaf gan Dr Ceinwen Thomas yng nghwmni ei

mam yn Nantgarw, Morgannwg oedd yn ardal lofaol yr adeg
honno:

**Ti'n dishgwl fel taet ti wedi bod yn wmwlch yn y glo
mân a sychu yn y cnapa**

Cnapau yw'r darnau mawr o lo a gallai'r glo mân fod yn tebyg
i lwch. Dyna a ddywedid wrth blentyn oedd wedi trochi ei
hunan a'i ddillad wrth chwarae allan. Pan oedd plentyn yn
gadael y tŷ, cyngor gan dad-cu o'r un ardal sy'n gymysg o
ddoethineb a thynnu coes oedd

Dere 'nôl cyn bot ti yco'n (acw'n) **iawn, a paid â dweud
dy oedran wrth neb.**

Os ydy plentyn yn rhy barod i ateb 'nôl a thafodi, fe'i ceryddir
yn Ngodre'r-graig, Cwm Tawe, trwy ddweud

Mae isha torri peth o dy dafod di.

Yno eto, pan fydd brawd a chwaer yn poeni ei gilydd a'r
chwerthin yn bur agos at ddagrau, mae'n bryd

rhoi clatshen i un i'r nâll gâl ofan.

Dyma sut mae pobl sir Gâr yn ceisio dwyn perswâd ar blant ac
oedolion i beidio â rhegi:

Paid rhegi, mae'r Diafol yn grac.

Gallwn dybio mai gwaith y diafol yw bod yn grac a chas, ac
yn y darlun yma mae ef ei hun yn flin am i rywun ddwyn
ei waith oddi arno. Esboniad tila, efallai, ond yr unig un a
welaf i. Un peth na ddylech ei wneud yn ôl gŵr o Gilfynydd,
sir Forgannwg a fu yn brifathro ar ysgol Gymraeg fawr am
flynyddoedd, oedd gwawdio plentyn. Roedd hynny'n

hala dou siort o golled

ar y plentyn, medda fe. Weithiau byddai ambell un yn ceisio gwneud i bobl weld synnwyr:

Bues i'n dadlau 'dag e **nes bod twll yn fy nhafod**.

Peth arall sy'n nodweddu pobl ifanc pan gânt y cyfle yw gorwedd yn hir yn eu gwelyau. Rhywun a gafodd y profiad yna sy'n cyfarch ei fab yn y cwpled canlynol:

Os y ceri'r bedd fel y ceri'r gwely
Ti fydd yr olaf yn atgyfodi.

Ni sylweddolais chwaith cyn imi fynd i sir Fôn gynifer o ddywediadau sydd i ddisgrifio glendid naturiol pobl ifanc, ond mae'r beirniadu'n dechrau'n ifanc iawn hefyd. Tystia llawer hyd heddiw i wirionedd

Del yn ei grud, hyll yn y byd
Hyll yn ei grud, del yn y byd,

gan honni eu bod wedi dal sylw ar fabis pert a'u gweld yn tyfu'n oedolion digon plaen yr olwg. Plant Aberteifi fyddai'n gweiddi ar ei gilydd,

Gwallt coch cynddeiriog
Gwallt melyn lleuog

gan achosi llawer o ffraeo am nad oedd neb am gael ei alw'n lleuog nac yn gynddeiriog. Credir bod y ddwy linell yn rhan o bennill hwy ond dyna'r cyfan a glywais i.

Pan fydd rhywun yn cael yr enw o fod yn ddwl neu o'i gof ym Morgannwg, dywedir

Mae mor ddwlad â dail bysedd y cŵn a ma reina'n blodeuo yn y gaea.

Nid yw pawb wastad yn eu hwyliau chwaith, na phlant nac oedolion. Gall ambell un bwdu'n bwt. Yn sir Fôn,

llyncu mul â'i bedola wedi bachu

a wna hwnnw. Gallai hefyd fod fel

iâr dan badall

pan fydd pobl yn gofyn iddo

Pwy sy wedi dwyn dy gaws di?

Dywed y Gair mai'r llygad yw cannwyll y corff, a'i bod yn allwedd i'r holl bersonoliaeth. Pan ddeuai merched Traeth Coch, Môn, i oedran caru, syllent yn hir i lygaid y bechgyn, oherwydd yno dywedid

Llygid glas, hogyn cas.

Caent yr enw yna am fod gan lawer o longwyr lygaid glas, medden nhw. Tybed a oes cysylltiad rhwng hyn a'r ffaith mai yn Llanbedr-goch ger Traeth Coch y darganfuwyd olion o annedd o oes y Llychlynwyr – ac mae gan y Llychlynwyr bron i gyd lygaid gleision. Ond go brin. Ar yr un pryd, tueddent i wrth-ddweud hynny trwy honni mai

Biwti mab [y]dy llygad glas
Biwti merch [y]dy llygad du.

Gallai eu safonau fod yn bur wahanol hefyd. Y farn gytbwys oedd

Harddwch merch yw gwyleidd-dra
A harddwch mab yw gwroldeb.

Mae'r rhod wedi troi ac maen nhw'n ymddangos yn rhinweddau braidd yn arwrol erbyn hyn. Ond efallai mai'r un mwyaf hoffus, a'r un sy'n dwyn cysur i gannoedd o Gymry yw

Dyn mawr diog, dyn bach da.

Yes, no, pwdin llo

Fe all y bydd cynnwys y bennod hon yn ymddangos yn ddi-
werth a di-fudd i rai ac ambell ddywediad yn fras, oherwydd
y pwnc dan sylw yw dywediadau plentyndod. Yn Lloegr, er
iddynt sôn rhywfaint am Gymru, treuliodd Iona a Peter Opie
oes yn casglu llên a dywediadau sy'n tarddu o ymwneud plant
â'i gilydd ac ag oedolion, a'u gwaith a'u brwdfrydedd nhw a
roes urddas i'r math yna o astudiaeth.

Gan imi gael fy magu mewn ardal Saesneg ei hiaith,
wyddwn i ddim am y dirgelion hyn yn y Gymraeg nes imi
faglu ar eu traws yn sir Gaerfyrddin, ond ar y pryd, roeddwn
i'n rhy dwp i ystyried eu harwyddocâd. Mae plentyn yn dysgu
siarad wrth wrando ar ei fam a cheisio'i dynwared. O dipyn
i beth, mae'n cael gafael ar air, a hwnnw fydd ei hoff degan
am sbel, ac fe gaiff sbort wrth chwarae ag e. Yng nghwrs ei
brepian, daw i sylweddoli ei bod yn bosibl creu geiriau ac
odlau newydd. Os digwydd iddo weld ei rieni'n chwerthin
wrth fwynhau ei gastiau geiriol, mae'n dechrau teimlo'n rêl
boi ac yn ei ffordd ei hun yn dechrau dysgu hanfodion parodi.
Dyna'r math o gefndir sydd i gwpledi megis

> **Yes, no**
> **Pwdin llo,**
> **Lladd y fuwch**
> **A gwerthu'r llo.**

yn Ffair-rhos, a

> **Yes, no**
> **Ddysges i ddo',**
> **Cadw'r fuwch**
> **A gwerthu'r llo.**

yn Swyddffynnon yn yr un sir. Roedd plant sir Gaernarfon yn cael sbri wrth ymarfer eu Saesneg:

Pwdin reis
Is very neis.

Ym Môn, clywir

Yes, no,
Meddai'r go[f].
No, yes,
Meddai Bess.

Mae'n debyg fod

Yes and no
Ddysges i ddo[e].
Yes indeed,
Fe'i dysges i gyd.

a gefais gan wraig ym Mlaenpennal yn tarddu o ymdrechion ei thad a'i gyfoedion i ddysgu Saesneg yn yr ysgol. Mae fersiwn Cwm-bach, sir Gaerfyrddin, yn rhyfeddach fyth:

Yes indeed and no in soc(k)s
Dyma Saesneg Harri Cocs.
Yes indeed and no indodit
Dyma Saesneg gŵr bonheddig.

Wn i ddim a ydw i'n gall yn ceisio dehongli'r geiriau. Mae'n bosibl fod cymhariaeth rhwng yr hyn a wna Harri Cocs mewn gweithred go iawn ac yn nhraed ei sanau. Rhaid mai ffurf ar 'ond odid' yw *indodit*, gan fod ymgais yma i dynnu hiwmor o wisg a ffordd o siarad y Sais bonheddig. Go brin fod 'ond odid' yn rhan o iaith y gwladwr naturiol. Ceir yr un ymateb drygionus i eiriau unigol yn

Amen, cath wen
Towlu'i thin dros ei phen

yn Aberystwyth, ac

Amen, ca' dy ben

yn y Rhondda. Ym Mhorthmadog, sir Gaernarfon, dywedir

Amen, dyn pren
Syrthiodd afol (afal) **ar ei ben.**

Mae'n naturiol i blant y capel dros y cenedlaethau chwarae â'r gair 'amen'. Roedd pregethwyr hefyd yn defnyddio geiriau bach llanw ar ddiwedd brawddeg. Gair o'r fath yw *ynte* ac yn aml caiff ei dalfyrru i *'te*, sydd yr un sŵn â'r te a yfwn. Felly pan glywai plant sir Fôn y gair bach *'te* yn digwydd o hyd ac o hyd, yr oeddent yn debyg o dorri ar draws a dweud

Te da (y)**dy te Mam.**

Yn sir Gaerfyrddin, clywir

Te, te, dina fe
I gadw bola yn ei le.

Adeg y Nadolig, mae pawb yn holi plentyn beth mae'n gobeithio'i gael gan Siôn Corn. Dywedir mai'r ffordd a ddefnyddid i gau pen plentyn oedd yn swnian o hyd am ba anrhegion y gallai eu disgwyl oedd

Cic yn din
Tanjerîn

yn sir Aberteifi, a

Gwaed a phlu

yn sir Feirionnydd.

Mae'n anodd penderfynu a yw'r adran nesaf yn codi o ymwneud plant â'i gilydd neu ymwneud rhieni â'u plant. Yn sicr, fe'u lluniwyd mewn ymateb i gwestiynau parhaus plentyn,

'Ble chi'n mynd?' 'Ble chi wedi bod?' 'Pam?' ac yn y blaen. Er enghraifft, 'Ble mae John?'

Yr ateb yw

Yn nhin Ifan Sâ[e]r

yn Nyfed ac yng Ngwynedd. Ac eto, yr ateb i 'Faint yw'ch oed chi?' yw

Yr un oed â bawd fy nhroed
A dipyn bach hŷn na 'nannedd

yn Llŷn. Ceir amrywiadau arno ledled y wlad; dywed rhai eu bod dri mis, neu chwarter, neu dri chwarter, neu flwyddyn yn hŷn na'u dannedd. Mae pob plentyn yn gofyn y cwestiwn 'Ble chi wedi bod?' gan ddisgwyl ateb call, ond

I dŷ Dafydd Agos

yw'r ateb yn Llangefni, ac

Yn cyfri byse' nhro[e]d

neu

Dod 'nôl lwr (wysg) **'y mhen ôl**

yn Nhregaron. Yn sir Fflint yr ateb yw

O fanno i fancw ac yn ôl efo baich o rwbeth.

Ateb i'r cwestiwn 'Ble chi'n mynd?' yn nhre Aberteifi oedd

Rwy'n mynd i nôl y bwci (y bwci bo)
Os na fyddi di yn llony'.

Yn Soar, Môn, yr ateb oedd

I brynu hada moch bach.

Y cwestiwn naturiol nesaf fyddai 'Pam?', ac

Achos bod cam yn gam a finne'n gwmws (yn syth)

oedd yr ateb yn Nhre-boeth,

    Achos bod cam yn gam a tithe'n bengam

yng Nghefneithin,

    Achos bod ham yn well na bacwn

yng Ngherrigydrudion, sir Ddinbych;

    Achos bod pam yn bod a bod yn pallu

yn Swyddffynnon, sir Aberteifi, ac

    Achos bod cwt ci bach yn gam

yng Nghrug-y-bar. Yn Llandre, sir Aberteifi,

      Achos beth, achos pam?
      Achos Mari'n pobi jam

neu

      Achos Mari'n dod i de

ac yn Swyddffynnon eto,

      Achos pam? Bara menyn heb ddim jam.

Ym Mryncroes, Llŷn,

      Am fod pam yn peri peidio
      Am fod y gath yn cnoi tybaco.

Yn Hirwaun,

      Am fod pam yn bod a rhech yn drewi

neu

      Pam sy'n peri, a'r ddafad yn pori.

Wn i ddim yn iawn ymhle y cofnodais

      Am fod pam yn gam
      A finna'n strêt.

Serch hynny, rwy am ei gofnodi yma.

Dylai fod gan bob ardal ateb ffraeth i'r cwestiwn nesaf gan fod plentyn yn ei ofyn yn barhaus, sef 'Beth yw hwnna?' Ond er holi'n gyson, dim ond un enghraifft gwbl Gymraeg a gefais, a hynny yn Llansamlet. Dyma hi:

Beth [h]eb un [h]alan i [h]alltu poten.

Mae digon o enghreifftiau o'r ymateb i 'Beth?' a fyddai'n gofyn i'r siaradwr ail-ddweud onid atebai:

D[yd]wy ddim yn berwi 'nghabetsys ddwywaith

fel y dywedai plant ysgol Aberystwyth. Mae bron bob pentref ag ateb gwahanol, ac mae gan rai sawl un, megis

Un waith mae deud, ac un waith mae berwi dail cabaitsh

yn Nhraeth Coch, Môn. Ym Mryncroes, dywedir

Un waith mae person yn deud ei bregeth.

Yn Swyddffynnon, sir Aberteifi, yn ateb i'r cwestiwn 'Beth yw hwnna?' ceir

Teth, cer i sugno hi

neu

Teth, godra hi, mae'n hesb

ac eto

Teth, a cha' dy focs.

Mae'r atebion i 'Wyddost ti be?' yn ddifyr iawn:

Wyddost ti be? Pwys o de,
Wyddost ti be? Nain yn dod i de

yn Nefyn,

Wyddost ti be? Pwys o de,
Wyddost ti pam? Pwys o ham

yng Ngherrigydrudion,

Wyddost ti be? Cwpan de.
Wyddost ti ddim. Cwpan dun

ym Mryncroes, Llŷn a

Wyddost ti be? Pwys o de
Wyddost ti be wedyn? Tatws a phwdin

yn Nhraeth Coch, Môn. Mae'r atebion i 'Beth sydd i ginio?' yn
sir Aberteifi'n ddiddiwedd, bron:

Brych y fuwch a brechdan;
Stiw malwa(o)d;

a

Tatw bwb (mwtrin, stwnsh, *mash*) a llath enwyn.

Yn Llanarth, sir Aberteifi, clywir

Wâc rownd y ford

ac yn Nhregaron,

Cawl dŵr neu sopen maidd.

Ym Mhren-gwyn yn yr un sir, lluniodd rhywun bennill i ateb
y cwestiwn:

Tatw rhost a chwt yr ast
A phen y frân i ferwi,
A dau lygad cath y co[e]d
A pheder tro[e]d y winci.

Yn naturiol, mae plentyn wrth ei fodd yn holi. Gellir ceisio cau
ei geg trwy ddweud

Paid â holi, bocs pedoli

yn Llangadog, sir Gaerfyrddin, a

Paid â holi, cwd a halen

ym Môn. Gall yr enghraifft honno ddeillio o'r ddeunawfed ganrif, pan oedd halen yn ddrud iawn yma ac yn gymharol rad yn Iwerddon. Smyglid cydau o halen dros y dŵr i borthladdoedd bach Môn a'u gwerthu i deuluoedd yr ynys. Ond cyfrinachol oedd yr holl fusnes.

Gwyddai pob menyw mai'r ffordd i gael gwybod busnes unrhyw deulu oedd trwy holi'r plentyn, ond rhybuddiai ei phlant ei hunan â

Os bydd rhywun yn dy holi di, dywed gelwydd

yn Llanbrynmair, sir Drefaldwyn. Ym Môn, cynghorai ei phlant i ddweud

Yn yr ysgol Sul mae holi plant.

Ateb parod defnyddiol i bawb sydd am gau ceg plentyn yw

Hola lai, cei w[y]bod mwy.

Pan fydd plentyn yn holi'n ddiddiwedd, ym Mronnant, efallai y câi'r ymateb

Mae coron yn y post i bob un sy'n meindio busnes ei hunan – a chei di moni!

Pum swllt oedd coron, sef 25 ceiniog heddiw, ac roedd yn arian mawr. Mae mamau'n cyrraedd pen eu tennyn weithiau am fod un plentyn ar ôl o hyd. Fel yna mae ambell un:

Mae wastad ar ôl fel gwas y gwcw.

Dwyn nyth wna'r gog. Corhedydd y waun, neu was y gog, yw un o'r rhywogaethau mae'r gwcw yn dwyn oddi arnynt. Dyna pam y cafodd yr enw gwas y gog, mae'n rhaid. Daw'r gog heibio a dodwy yn y nyth am fod ei hwy hi yr un lliw a'r wyau eraill sydd ynddi, felly mae'r gwas yn bwydo cywion y gog yn ogystal â'i chywion hi ei hunan. Mae cywion y gog yn rhai barus, ac yn taflu'r cywion erail. allan o'r nyth. Ond fel y plentyn sydd bob amser yn hwyr, nid yw gwas y gog byth yn dysgu'r wers. Dywedir am ymwelydd y gellir ei ddisgwyl o dro i dro,

Mae'n dod lawr fel y gwcw bob blwyddyn,

oherwydd dim ond unwaith y flwyddyn y daw'r cyfle i glywed y gwcw. Wrth adrodd hanesyn wrth blentyn, yn enwedig clec amdano ef ei hun, ac yntau'n aethus am gael gwybod pwy a'i dywedodd, yr ateb a roddai mamau'r de yw

Y frân wen.

Roedd hefyd yn ffordd o awgrymu i blentyn ei fod yn dweud celwydd, ac y deuai'r frân wen heibio i ddweud y gwir, sef 'Weloch chi'r **frân wen** yn mynd hibo?' Os taw 'Naddo' oedd ateb y plentyn, ateb y fam oedd 'O wel, mae heb fynd eto 'te.' Yn Llŷn, eu hateb oedd

O, pobol y goetsh fawr.

Yr adeg honno, cyn bod na rheilffordd na phapur newydd, pobl y goetsh fawr fyddai'n cario'r newyddion o bentref i bentref. Cydnabyddid bod math arall o gelwydd yn dderbyniol yng ngogledd sir Aberteifi:

Celwydd bach at iws gartre.

Roedd gwahaniaeth mawr rhwng hynny a phechod go iawn. Pan fyddai plentyn yn edrych yn y drych o hyd,

Gwylia weld mwnci

ddywedai pobl Môn wrtho. Roedd hynny yn Saesneg yn fy ardal i hefyd, er na welais i fwnci go iawn ond un waith yn y syrcas, ond yr oedd ei lun yn ymddangos yn reit aml mewn storïau i blant. Petai plentyn yn gwneud gosodiad, a hwnnw'n cael ei gywiro gan rywun arall, byddai'r plentyn yn taeru ei fod yn dweud y gwir ac yn gwneud safiad trwy ddweud

Tydy Mam ddim wedi magu mwnci.

Petai'n aflonydd gartref, byddai ei fam yn dannod iddo'i fod

fatha mwnci ar ben pric.

Ar un adeg, ceid tegan pren ysgafn iawn, lle roedd mwnci ar ben ysgol a hwnnw'n twmlo wrth i chi wasgu gwaelod yr ysgol. Dyna'r ddelwedd, gallwn feddwl.

Un o bleserau oesol plentyn yw tynnu dant a'i daflu dros ei ysgwydd chwith gan lafarganu

Dant y ci
Dant newydd i fi

ym Mynwy a Morgannwg, a

Daint du i'r ci
Daint newydd i mi

yn Llangefni, Môn. Yng Nghwm-bach, Morgannwg, y merched fyddai'n gwneud hynny ac yn gweiddi

Dant bach gwyn, dere 'nôl.

Oni wnaent, y gred oedd na chaent ddant yn ei le. Yng Nghwm-twrch, ar y ffin rhwng sir Frycheiniog a Morgannwg, ceid

Giâr ddu, giâr wen
Tafla 'nant dros 'y mhen.

Un o hoff hobïau plant yw cyfnewid neu drwco, ond cyn i'r hoffbeth newid dwylo roedd hogiau Môn yn ddigon cyfrwys i benderfynu ymlaen llaw ai

ffeirio am byth neu **ffeirio menthyg**

roedden nhw. Os penderfynent ar drefniant parhaol, yna trewid bargen y naill ar gledr llaw'r llall a thyngu

Am byth

neu

No bargan 'nôl.

Selid y fargen yn sir Aberteifi trwy ddweud

Ffŵl, ffŵl, byth 'nôl.

Yno hefyd, pan sylweddolai dwy ferch fach eu bod yn gwisgo'r un dillad, neu'n dweud yr un geiriau'r un pryd, eu hateb diymdroi fyddai

Mitsh matsh

neu

Fitsh fatsh, ti a fi.

Pan fyddai plentyn yn addo peidio â thorri cyfrinach, yn sir Gaernarfon, y llw oedd

Cris croes tân poeth.

Wrth drosglwyddo neges neu ddweud stori y naill wrth y llall, roedd yn rhaid i'r plentyn fynd ar ei lw ei fod yn dweud y gwir, ac nid gwirio'n ysgafn a diystyr a wnâi, ond mewn dull hollol ddifrifol. Llwon mwyaf poblogaidd sir Aberteifi a sir Gaerfyrddin oedd

Folon Duw 'nharo i;

Llw tân po[e]th gole;

Bys bach coch tân; neu

Cris cro[e]s y Beibl.

Mae rhai Môn yn fwy arswydus:

Cris croes tân poeth
Torri 'mhen â twca poeth;
Cris croes tân poeth
Ellwn i farw ar y groes;

neu

> **Cris croes tân poeth**
> **Torri 'mhen a thorri 'nghoes.**

Un o'r agweddau pertaf ar lên plant yw'r deongliadau o gri'r adar. Mae pob ardal yn ceisio efelychu sŵn yr adar. Yn Ffair-rhos, mae'r cornicyll yn dweud:

> **Drwg yw'r newid**
> **O'r gelli glyd**
> **I'r weun oerllyd, oerllyd.**

Ond yn sir Ddinbych, dywed:

> **Gwae ni erioed**
> **Ddod o'r coed**
> **I grwydro'r tir.**

Cri'r gwdihŵ yw

> **Y cŵn i gyd a'r ci du.**

Yn ôl Evan Jones, Tyn-y-pant,

> **Pele du bach, medd y gïach.**

Cri'r gigfran, wedyn, yn ôl pobl sir Gaerfyrddin yw

> **Pria, pria** (sef corff anifail sydd wedi trigo).

Yn ôl pobl Pren-gwyn, sir Aberteifi, dywed

> **Gwad, gwad,**
> **Grâc, grâc** yn Llanarth, a
> **Corwg, corwg** yn Nhregaron.

Yn ôl pobl sir Aberteifi eto, fe ddywed y golomen

> **Fi yw'r gŵr** (Pren-gwyn)

a'r sguthan

> **C[e]irch du du yn 'y nghwd i** (Pren-gwyn)
>
> **C[e]irch du du yw fy mwyd i** (Llanarth).

Yn naturiol, wrth eu trosglwyddo o genhedlaeth i genhedlaeth a cheisio diddanu'r plant, gwneid ymgais deg i ddynwared cri'r aderyn wrth eu dweud. Doedd dim rhaid dehongli cân y gwcw, ond yr sir Fynwy dywedid wrth blentyn oedd yn gofyn yr un cwestiynau o hyd ac o hyd,

> **Yr un [h]en gân 'da'r gwcw.**

Yn sir Gaerfyrddin,

> **Canu cywydd y gwcw**

roedd rhywun yn yr un sefyllfa, neu ddau oedd wastad yn cytuno â'i gilydd.

Clawd a balch

Y peth naturiol i'w ddweud wrth gwrdd â rhywun ar y ffordd yw 'Sud 'dach chi hiddiw?' neu 'Shwd y'ch chi heddi?' Mae'r atebion yn ddiddiwedd:

> **Llwm a diddig** (Penfro);
> **O, well na gwa[e]th** (Aberteifi);

neu

> **Llawn llafur** (Morgannwg).

Ond efallai taw

> **Clawd a balch yn byw mywn gopath**

yw'r fformiwla a glywir yno amlaf, gydag ambell un yn ychwanegu

> **Witha ag arian witha ddim.**

Ond pan fo rhywun yn wirioneddol dost, a'r cyfnod o dynnu coes heibio, yna mae

> **yn glawd iawn.**

Yn naturiol mae

> **Ga i godi i'r ffenast fory** (Llŷn)

yn ddigon gobeithiol. Caiff ei ddefnyddio hefyd fel ateb doniol. Mae'n arwydd fod y dyn ei hun yn ddigon da i godi o'r gwely, os nad yw'n ddigon iach i fynd lawr llawr. Ar y Llungwyn, roedd ysgolion Sul Tredegar yn gorymdeithio trwy'r dref a'r band pres yn eu harwain. Uchafbwynt gweithgareddau'r ysgol Sul oedd yr 'anniversary', a'r plant yn cymryd rhan yn y bore a'r prynhawn a'r rhieni gyda'r nos, a phawb yn eu dillad newydd: y rhan fwyaf wedi bod yng Nghasnewydd yn prynu dillad lliwgar yn C&A. Roedd troi mas yn achlysur o bwys yng nghalendr pob ysgol Sul, a mawr oedd y disgwyl ymlaen at yr achlysur. Y peth roedd pawb am ei weld oedd baner fawr pob ysgol Sul yn cael ei chario ar flaen yr orymdaith. Ond roedd popeth yn dibynnu ar y tywydd! Os oedd y diferyn lleiaf o law wedi disgyn yn ystod y bore, doedd y faner ddim yn cael mynd allan, a phawb yn cael ei siomi.

Yn wahanol i bawb arall, roedd hi'n draddodiad yn ein hardal ni yn Sirhywi i droi mas ar Sul cyntaf Gorffennaf. Cofiaf un yn arbennig. Roedd fy nhad-cu yn y gwely yn llofft y tŷ, a dyma ein hysgol Sul ni'n troi oddi ar yr hewl fawr a sefyll o flaen tŷ Mam-gu. Codwyd y ffenest at yr hanner ac fe ganson ni nerth ein pennau. Doeddwn i ddim yn deall ar y pryd fod Dad-cu mor agos at farw. Dyna'r atgofion sy'n dod â dagrau i'm llygaid wrth weld pwysigrwydd codi i'r ffenest fel arwydd o obaith.

Ceir eraill sy'n eich sobreiddio, megis

Dwy'n well na fy lle (Môn).

Mae hyd yn oed y siaradwr nad yw'n iach yn well na'r bwlch fyddai ar ei ôl yn y teulu a'r gymdeithas petai yn ei fedd. Anos synhwyro ymateb pobl sir Aberteifi wrth ateb

Sâl ac yn salw, debycach i fyw nag i farw,

ond tynnu coes yw'r elfen gryfaf.

Ond er mor serchus ac agos atoch yw cynifer o'r dywediadau, roedd tensiynau yn y gymdeithas hefyd. Mae'r dywediadau'n adlewyrchu natur y gymdeithas, wrth reswm, ac mae gwahaniaethau rhwng haenau cymdeithas i'w gweld hyd yn oed yn y dywediadau sy'n ymwneud â'r gymdeithas wledig. Prin bod gennyf ddigon o enghreifftiau i allu trafod hyn yn gall, a gwn y byddaf yn cyffredinoli'n ofnadwy. Wedi cyfaddef hynny, dyna yw fy mwriad.

Y peth cyntaf sy'n dod i'r amlwg yw fod cymdeithas y dywediadau'n gymdeithas oedd â lle i bob un a phob un yn ei le. Ychydig oedd yn amau'r drefn fod rhai wedi'u geni i fod yn feistri ac eraill i fod yn wasanaethyddion. Dyna'r athroniaeth a welir yn

Wa[e]th i'r pot pridd ddim cwffio yn erbyn y pot pres.

Fe'i clywais yn y Bontnewydd, sir Gaernarfon, adeg urddo'r Tywysog Siarl yn Dywysog Cymru yn 1969 pan oedd y ffrae a rwygodd y genedl yn ei hanterth. Ceir yr un syniad yn y de-orllewin yn

Y sawl a aned i blaned tair ceiniog, ddaw e byth yn rot.

Ond dewisai rhai gredu gyda phobl Blaencelyn, sir Aberteifi, mai

cuwch (cyfuwch) **cwd â ffetan**

neu

cuwch cwdyn â ffetan lydan,

fel y dywedir yn sir Gaerfyrddin, yw hi yn y byd hwn. Dau debyg yw cwdyn a ffetan; rhyw fath o sach yw'r ddau, a'r naill, felly, cystal â'r llall.

Serch hynny, gallai efelychu arferion y byddigions fod yn wers ddefnyddiol iawn. Pan fydd rhyw gynnen yn codi rhwng dau werinwr, ni fydd y naill na'r llall yn hollti blew, ond yn dweud ei feddwl yn blaen. Wedi'r cyfan,

Gwastraff ar sebon yw seboni pen asyn,

yn ôl gwŷr Llanwrtyd, sir Frycheiniog, a phan aiff pethau i'r pen, fydd dim sgwrs rhyngddyn nhw na'u teuluoedd am genedlaethau. Ond nid felly y mae rhwng gwŷr bonheddig, fe ddywedir. Hyd yn oed os ydyn nhw wedi ffraeo tân golau, dydyn nhw byth yn anwybyddu ei gilydd. Parhânt i gydnabod ei gilydd er gwaetha'r rhwyg dwfn sydd rhyngddynt. Felly, yn sir Gaerfyrddin, os llwydda dau i gadw wyneb yn gyhoeddus gan esgus anghofio'r geiriau cas, dywedir bod

heddwch gwŷr mawr

rhyngddynt.

Yn y bôn, gorchwylion a chyfrifoldeb oedd yn gwahaniaethu rhwng gwas a gwas, ac roedd ymwybyddiaeth gref o statws ymhlith gweision. Roedd hyn yn amlwg wrth y ford fwyd, lle byddai gan bob gwas ei le, â'r hwsmon ar ben y ford a'r gwas bach ar y pen arall. Unwaith i'r hwsmon orffen ei fwyd, cau ei gyllell boced ac ymestyn am ei gap, roedd yn rhaid i bawb godi a'i ddilyn ar unwaith. O fewn y gyfundrefn hon, roedd bob amser

gwas dan was,

a chaiff yr ymadrodd hwn ei ddefnyddio'n gyson yn Ffair-rhos i ddisgrifio rhywun sy'n datgan yn groch a chanddo ddim awdurdod i ddweud y fath beth. Anwybyddid hwnnw trwy ddweud taw 'gwas dan was' oedd e.

Roedd gan bob gwas a morwyn eu gorchwylion arbennig. Roedd ffiniau pendant rhwng dyletswyddau pob un, a doedd neb yn barod i groesi'r terfynau hynny. Y forwyn fawr oedd yn pobi ac yn corddi, yr ail forwyn (pan oedd un) oedd yn gofalu am y lloi a'r moch, a'r forwyn fach oedd

yn gwneud y dwt,

sef y pethau mae'n rhaid eu gwneud ym mhob cartref, megis cyweirio'r gwely, golchi'r llestri a chymoni tipyn. Yng Nghrug-y-bar, yn y cyd-destun teuluol er enghraifft, pan oedd y fam yn gofyn i un o'r plant wneud cymwynas â hi, a hwnnw'n gofyn i'w frawd neu chwaer ei gwneud yn ei le, gallai'r fam ddannod iddo trwy ddweud

Morwm Jini, Morwm tani,

hynny yw, mae'r plant, wrth drosglwyddo gwaith y naill i'r llall, yn debyg i forwyn y feistres sy'n rhoi'r gwaith y mae hi'n ystyried islaw iddi i'r forwyn sydd odani.

Er i'r mwyafrif ymddangos yn ddigon bodlon, roedd rhai ffermydd yn enwog am eu bwyd gwael, ac roedd y gweision yn achub ar y cyfle i achwyn am eu sefyllfa wrth y ford fwyd. Dyma weddi morwyn fach wrth ofyn bendith yn sir Aberteifi:

> **Cawl lla[e]th diflas.**
> **Arglwydd dyro fendith.**
> **Dŵr a blawd cymysg yw.**
> **Rwy'n siŵr o starfo, gwir i Dduw.**

Mae stori mewn sawl ardal yn sir Frycheiniog a sir Ddinbych am was yn mynd i ryw fferm i ddyrnu, ac ni chafodd ond bara barlys a maidd brith i frecwast, a'r bore hwnnw, fe'i clywyd yn dyrnu'n araf ac yn ddrwg ei hwyl yn adrodd y geiriau hyn i dempo araf ei ergydion:

> **Bara haidd a maidd glas**
> **Ac ergyd lla[e]s i'r ysgub.**

Pan glywodd y ffermwr hyn, dyma fe'n dweud wrth ei wraig, 'Rhowch fwyd iddo gymaint ag a fyt e', ac fe gafodd y gwas ginio ardderchog. Y prynhawn hwnnw, doedd dim dal 'nôl arno, a chlywyd ef yn gollwng arni â'r geiriau

> **Cawl cig a bara rhyg**
> **Ac at dy frig di'r ysgub.**

Roedd y teiliwr, gan mai ymwelydd oedd e, a âi o fferm i fferm yn adrodd yr hanes, yn uwch ei statws na'r gwas:

> **Lwmp o facwn melys bras**
> **I fi a'r gwas a'r garddwr;**
> **Hwyaden a phys gleision neis**
> **A phwdin reis i'r teiliwr.**

Taliesin o Eifion (1820–76) biau'r geiriau, ond cânt eu dyfynnu fel rhan o'r traddodiad llafar. Mae'n anodd penderfynu a gâi'r teiliwr fwy o barch neu fwy o faldod am mai bechgyn eiddil eu cyrff a gâi eu prentisio'n deilwriaid yn aml, a honnid eu bod yn bwyta llai na bechgyn cyhyrog. Ond yr oedd gweision fferm yn anfodlon ar yr esboniad hwnnw. Yr oeddent yn bendant o'r farn y câi'r teiliwr well bwyd na nhw, a'u tuedd oedd gwneud sbort am ei ben. Mae dyfyniad Eirwyn Pont-siân,

Na roddwch i deiliwr fwyd cloddiwr rhag iddo ymgryfhau a thorri'r edau,

erbyn hyn yn ddigon cyffredin. Mae'r cyfeiriadau eraill a geir at fwyd a dillad yn adlewyrchu'r statws oedd rhwng dyn a dyn. Mae

Mae mwy o lygaid yn ei botes o

yn awgrymu hyn. Llygaid yw'r darnau o saim sy'n nofio ar wyneb y cawl. Po fwyaf o gig fyddai yn y potes, mwyaf o lygaid neu sêr fyddai ar yr wyneb. Dim ond y dyn gwell ei fyd a allai fforddio cig da. Câi hynny ei gymharu â

cawl dall.

Cawl heb lygaid wedi'i wneud o ychydig iawn o gig neu esgyrn yn unig oedd y pryd bwyd yn aml. Eto yn sir Aberteifi, dywedir am rywun a wnaeth dro cas â rhywun, neu a geisiodd dalu'r pwyth yn ôl am gam a gafodd,

Fydd e naws (sef dim) brasach ei gawl.

Mae un cyfeiriad hyfryd at ddillad. Pan fyddai mam yn poeni bod ei phlant yn gorfod gwisgo dillad llwm, byddai'r fam-gu yn sir Aberteifi'n ei chysuro â'r geiriau

Wharith y bola bwyd, wharith ddim o'r got lwyd,

hynny yw, y plant sy'n cael bwyd da sydd iachaf ac sy'n mwynhau bywyd, nid y plant sy'n cael eu mwytho a'u gwisgo'n grand, gan fod y got lwyd yn symbol o steil a chrandrwydd. Ond mewn cartrefi lle mae arian yn brin, gall teimladau cas ddod i'r wyneb hefyd yn Soar, Môn:

Poced wag a fag genfigen.

Mae'r nesaf hefyd o Fôn:

Mae pig ei gap yn ei lygid o.

Roedd hynny'n arwydd fod ei berchennog am gael cyntun neu ei fod yn y felan ac yn isel ei ysbryd. Roedd yn wir am ugeiniau o ddynion. Os oedd eu cap dros eu haeliau, doedden nhw ddim am weld na siarad â neb.

Yr un oedd patrwm bywyd o flwyddyn i flwyddyn, ac roedd pawb yn dilyn y drefn. Bob pen tymor, byddai gweision Llŷn yn mynd gyda'u teuluoedd i siop y crydd neu at y gwerthwr gwlanenni

i dalu'r hen a dwyn y newydd,

hynny yw, i dalu am y nwyddau a gafwyd y pen tymor blaenorol ac i brynu sgidiau, dyweder, at y tymor nesaf, ac ni ddisgwyliai'r siopwr ei dâl tan y pen tymor canlynol. Mae un enghraifft ddiddorol arall am dalu a arferir yn sir Aberteifi. Pan fyddai dyn yn gwneud jobyn o waith i rywun, a phartner yn gofyn faint gafodd e am ei lafur, gallai'n hawdd ateb,

O, hur yr ên

neu

Hur yr ên a byt dy wala,

hynny yw, yr unig dâl a gafodd oedd ei fwyd. Er hynny, mae tystiolaeth y dywediadau'n awgrymu bod yr hen gymdeithas yn un ddigon diddig, ac nad oedd neb yn ysu am bethau materol. Sgwn i? Ond ta waeth,

Gormod o ddim nid yw dda;

Mae gormod yn wâth na rhy fach;

a

Digon sy ddigon,

A gormod sy flin.

Beth alli wneud a mwy na alli drin?

Gellir tybio bod person trachwantus yn eithriad, ac fe gafodd pwy bynnag a fathodd 'eisia mwy na mwy' i ddisgrifio'r cyflwr o drachwant weledigaeth yn fy marn i. Mae'n ddywediad a ddefnyddir yn ddyddiol ym Morgannwg. Mae dywediad arbennig am bobl drachwantus:

Mae trachwant yn trochi (baeddu) cant ac yn dyblu ar y r[h]ai di-blant.

Doedd gan deulu'r gweithiwr cyffredin, oedd yn ceisio magu plant hefyd, ddim modd i foddhau eu trachwant, er i rai geisio gwneud y ddau beth. Gallai'r rhai oedd yn ddi-blant foddi yn eu chwantau. Mae pobl y Rhondda wedi crynhoi'r hen ddoethineb mewn pennill ffraeth:

Mwy ti'n moyn

Mwy ti'n *moanin[g]*

Mwy ti'n câl

Mwy ti'n conin[g].

(Gair hanner Cymraeg, hanner Saesneg yw 'conin[g]' sy'n dal ar lafar yn Saesneg y cymoedd. Ei ystyr yw 'conan, cwyno'.)

Wn i ddim ai hen ddywediad ai llinellau o gerdd gymharol ddiweddar yw'r cwpled nesaf, ond mae holl athroniaeth y gymdeithas gyfoes wedi'i chrisialu yn y cwpled o sir Aberteifi:

Mae Siôn Chwarae Teg wedi marw,

Taera'i ben pia hi nawr.

Dyma agwedd rhywun a fagwyd yn sir Gaerfyrddin tuag at bobl sy'n tybio eu bod yn fonheddig (pennill yw hwn, nid dywediad, ond mae'n cyfleu'r un ystyr):

> N[h]w â'u ffowls a'u wisgi
> A'u te a siwgir gwyn,
> A ninna'n slafo'n perfedd
> I gadw'r jawled hyn.

Ond o'r holl ddywediadau sy'n ymwneud â chymdeithas a statws, y symlaf a'r mwyaf bachog yw'r un a gefais yn Ffair-rhos:

> Siôn a Siân â chawl
> Mister a Mistres â broth
> Syr a Madam â the.

Maent yn cyfeirio at y rhaniadau oedd yn amlwg yn y gymdeithas, a'r camau oedd o'u blaen wrth i ŵr a gwraig ddringo'r ysgol gymdeithasol. Mae W. Llewelyn Williams yn trafod hyn yn 'Slawer Dydd a gyhoeddwyd yn 1918. Sonia am gymeriad o'r enw Dafydd y Garn ym mlynyddoedd olaf y bedwaredd ganrif ar bymtheg. 'Rwy'n cofio tair cenhedlaeth,' meddai. 'Y genhedlaeth gyntaf oedd Bilo a Belo â chawl, yr ail oedd cenhedlaeth Mishtir a Mystres â *broth* a'r drydedd yw cenhedlaeth Syr a Madam â the!' Mae'n debyg mai addasiad o'r ffynhonnell hon yw'r un a nodais i.

Byd gwaith ac arian

Y sawl a gynno dân

Y sawl a gynno dân a gynnal dŷ,

meddai'r hen ddihareb. Mae'n fwy na thebyg iddi ddeillio o'r hen arfer o godi tŷ unnos: os llwyddid i gynnau tân ar yr aelwyd newydd, a'r gymdogaeth yn gweld y mwg yn codi o'r simdde bore trannoeth, yna'r sawl a'i cododd oedd berchen y tŷ. Wn i ddim a ydym yn llawn sylweddoli pwysigrwydd y tân tan yn ddiweddar iawn yn hanes y ddynolryw. Y tân oedd yn cynhesu'r tŷ, yn crasu'r bara, yn berwi'r cawl, yn twymo'r dŵr ac yn goleuo tipyn ar yr hen le. Pan fyddai'r wraig yn ddi-hwyl neu'n teimlo'n ddiog, gadawai'r cyfan ac eithrio

cadw llwybyr at y tân

yn Aberdâr ac yn Llangeitho, sir Aberteifi. Ym Mhren-gwyn, yn yr un sir, pa beth bynnag arall a gâi ei esgeuluso, roedd yn rhaid

cadw dipyn o lwybyr.

Un o'r diarhebion a glywir amlaf yw

Hawdd cynnau tân ar hen aelwyd

wrth sôn am garwriaeth a ddaeth i ben ond a ailgyneuwyd, ac yn y cyd-destun hwnnw yn unig. Nid oedd bechgyn direidus Cwm Rhondda, wrth gwrs, o'r un farn. Maen nhw'n mynnu dweud

Peryclus cinnu tân ar [h]en aelwyd.

Roedd yr aelwyd a'r lle tân yn adlewyrchu balchder y wraig yn ei chartref. Ydych chi'n cofio'r gwyngalchu a'r stono bob dydd Sadwrn, a'r blacledo a'r glanhau pres diddiwedd?

Roedd 'Dewch at y tân' yn rhan o'r croeso traddodiadol sydd ar fin diflannu. Ar un adeg yn sir Frycheiniog, ac mewn mannau eraill hefyd, mae'n bur debyg, petai cymydog neu gyfaill na welwyd ers tro'n taro heibio, estynnid am y sialc neu'r procar a rhoddid croes ar y pentan: 'Aros di,

roia i groes ar y pentan nawr.'

Mewn simdde lwfer, y pentan yw'r garreg fawr ddu sydd y tu ôl i'r tân ac mae'n ddigon hawdd estyn am y procar a'i farcio. Clywais gan ffrind o sir Drefaldwyn fel y byddai ei mam yn ei cheryddu am adael bwyd heb ei fwyta ar y plât, trwy ddweud

T'isio gweld y pentan?

ac eglurodd mai gweld angen neu galedi oedd yr ystyr, ond bûm yn dyfalu'n hir cyn deall rhesymeg y geiriau. Ni ellir gweld y pentan ond pan fo'r tân yn isel iawn, ac roedd tân bach yn wedd weladwy ar dlodi. Ym Melin Ifan Ddu, dywedir

Tecil yn gialw tinddu ar y crochan.

Fe wyddoch am y lle tân, ond ydych chi'n gwybod ble mae uffern?

Y cyw a fegir yn uffern, yn uffern y myn fod.

Uffern yw'r twll lludw a geid o dan y tân yn y simdde fawr ac yn y gratiau haearn mawr. Yno y rhoddid y cywion gwanllyd i gryfhau yng ngwres y tân. Er eu bod yn y llwch, yr oedd byd cynnes, braf arnynt a doedden nhw ddim am ddod oddi yno. Mae'r esboniad yn dechrau mynd yn angof, ond mae'r ddihareb yn dal yn ei grym. Fe'i defnyddir yn gyson i brofi bod magwraeth gynnar pobl, er iddynt newid byd yn y cyfamser, yn brigo i'r wyneb bob hyn a hyn, a bod y sawl a fagwyd yn y llwch ar ei hapusaf mewn awyrgylch debyg. Ond i sôn am y tân ei hunan. Yn ardaloedd y gweithiau glo, tân mawr oedd

tân lladd moch

gan fod yn rhaid cael tân mawr, a'i fwydo'n gyson ar ddiwrnod y lladd, i gael digon o ddŵr berw. Dywedir

tân gwidw

yn gyffredinol am dân bach, gan fod yn rhaid i wraig weddw fyw yn gynnil. Y peth na welir cymaint ohono'r dyddiau hyn yw'r

tân secur

fel y'i gelwid ym mlaen Cwm Tawe. Gosodid tân yn y parlwr rhag ofn y byddai rhywun parchus yn digwydd galw, ac wedyn dim ond rhoi matsien iddo fyddai ei eisiau. Yn fy nghartref i yn yr haf, byddai fy mam yn gwyngalchu'r cnapiau glo oedd yn y golwg. Mae pawb ohonom yn adnabod

tân siafins o berson.

Mae tân shafins yn tanio'n gyflym ac yn diffodd yr un mor sydyn. Defnyddir hwn i ddisgrifio person sy'n dweud ac yn gwneud pethau yn ei gyfer neu'n fyrbwyll. Cymeriad gwybyddus arall yw'r math o berson sy'n

pocro'r tân o hyd

neu
yn rhoi rhagor o fawn ar y tân

wrth ychwanegu at ffrae sydd eisoes yn bod rhwng dau. Mae tân mawn yn llosgi'n araf a'r ffrae yn para'n hir, weithiau o genhedlaeth i genhedlaeth. Er bod y tân mawn wedi darfod, mae'r dywediad yn aros yn Llanddewibrefi, sir Aberteifi. Mae'n rhan o natur rhai i fynd

o'r ffrimpan

neu
o'r badell ffrio i'r tân

a chael eu bod mewn mwy o gyfyng-gyngor nag erioed.

Welsoch chi gath a fu'n canu grwndi'n braf o flaen y tân yn neidio'n sydyn? Mae'n debyg mai gwreichionyn a dasgodd o'r tân ac a'i daliodd. Mae dyn hefyd wrth ddianc yn

mynd fel cath o dân

yn y de. Ond y gyffelybiaeth orau i ddisgrifio brys yw

mynd fel pe bai'n mofyn tân

a glywir yn sir Drefaldwyn. Beth yn union yw ystyr moyn tân? Y darlun sydd yn fy meddwl i yw gweld fy mam yn cario tân ar sleish o'r gegin i'r *middle room*, wedi hen osod y papur a'r coed tân, erbyn deuai'r angen. Roedd yn ffordd dda o gynnau tân gan y byddai'n cydio ar unwaith. Ond mae'n hŷn na hynny. Yr hen drefn oedd rhedeg at y cymydog agosaf i ofyn am farworyn i'w ailgynnau petai'n diffodd. Roedd hi'n rhan o fywyd hefyd i gario tân o aelwyd y rhieni i aelwyd y pâr oedd newydd briodi. Yn ôl gwraig o Swyddffynnon, nid oedd cario tân yn gamp fawr gan fod pentewyn o dân mawn yn cadw'n fyw yn hir mewn bwced. Wrth droi'r pethau hyn yn fy meddwl, cofiais am y dywediad oedd gennym yn Saesneg gartref, i ddisgrifio tân oedd yn marw o flaen ein llygaid, sef

Mae'r tân wedi mynd drws nesa.

Efallai nad yw hynny'n llythrennol wir, ond yn ein stryd ni, lle roedd llefydd tân dau dŷ gefngefn â'i gilydd ac yn rhannu'r un simdde, mae'r dywediad yn gwneud synnwyr perffaith.

Pan gaiff rhywun ei adael yn amddifad, mae'r Saeson yn ymgysuro trwy ddweud, 'dim ond iddo gael to uwch ei ben fe fydd yn iawn', ond nid yw to yn unig yn ddigon i famau sir Aberteifi, maen nhw am y sicrwydd y

ceith **dân a tho** rywle.

Nodaf yr enghraifft nesaf a gefais trwy lythyr o Lanrhystud. Dyma'r hanes a gefais gan y llythyrwr. Roedd gŵr bonheddig yn ymadael ag un o blasau'r sir. Roedd hwn, yn ei ddydd, wedi cyflogi llawer o weithwyr am swllt y dydd, a theimlai rhai ohonynt ddyletswydd i roi anrheg ffarwél iddo. Ond gwrthododd un, gan ddweud,

Peth ffôl yw rhoi ffagal dan degell sy'n berwi,

hynny yw, yr oedd digon o fodd gan y gŵr hwn a pheth ffôl fyddai i'r gweithiwr cyffredin ychwanegu ato. Yr un a glywir amlaf yn sir Gaerfyrddin yn yr un sefyllfa yw mai

Iro tin mochyn tew â bloneg

fyddai hynny. Mae sawl ffordd o ddisgrifio gwneud gwaith ofer, megis

Corddi llâth enwyn;

Torri glo mân yn dalpe;

Hela sofol haidd;

a

Codi pais ar ôl piso.

Wrth sôn am agwedd gweision rwy am gyfeirio at un peth arall. Daeth prifathro newydd i'r ysgol uwchradd. Yn ôl ei dystiolaeth ei hunan, cafodd groeso eithriadol yn yr ychydig wythnosau cyntaf a phawb yn cyd-dynnu'n dda. Yn un o gyfarfodydd y llywodraethwyr, roedd yn canmol ei le yn fawr, 'Ond wrth gwrs,' medde fe, 'falle 'mod i ar fy *honeymoon period.*' 'Beth yw hwnna yn Gymrâg?' meddai, gan droi ata i. 'Tria

wythnos gwas newydd,'

meddwn i. 'Ma 'na un arall ond alla i ddim ei gofio nawr.' Y llall wrth gwrs yw

Gwyn pob peth newydd,

a glywais gan gefnder fy ngŵr, oedd newydd ei sefydlu'n weinidog yn un o gapeli sir Aberteifi, ac wedi cael derbyniad gwresog a charedigrwydd mawr gan ei aelodau. Gwynfor oedd ei enw bedydd, a'i aelodau'n mwynhau chwarae ar y gair.

Roedd gwraig y tŷ'n cael ei chyfarwyddo, a'i beirniadu. Ni ellir cael condemniad gwaeth ar unrhyw wraig tŷ nag a geir yn sir Aberteifi. 'Pob gwaith yn ei ddydd' oedd hi gan wragedd slawer dydd, a dydd Llun oedd diwrnod golchi. Cedwid dydd Sadwrn yn llwyr i baratoi angenrheidiau at y Sul. Mae'n wych edrych yn ôl ar y rhain a meddwl gymaint haws mae hi arnon ni wragedd heddi:

> **Slwt sy'n golchi dy' Sadwrn,**
> **Dynes wrth ei hangen dydd Gwener**

neu

> **Golchi dy' Gwener, golchi wrth raid,**
> **Golchi dy' Sadwrn, hwch hyd yr asgwrn.**

Yn Llŷn, dywedid nad oedd

> **Byth ddydd Gwener heb haul**.

Yno hefyd, dywedid

> **Sadwrn pwt, Sul wrth ei gwt**.

Yr oedd dydd Sadwrn yn ddiwrnod o baratoi mawr at y Sul, ond os na chyflawnid y gwaith ar y Sadwrn, byddai'r Sul yn cyrraedd a'r wraig ar ei hôl hi. Ond wrth olchi, dylai gofio cyngor yr ardaloedd glofaol,

> **Rhaid cael sebon, starts, a bliw**
> **Cyn cael crys Mari 'nôl i liw**

yn ogystal â'r egwyddor sylfaenol

> **Glân wasgad, glân olchad**.

Bu'n rhaid imi gnoi cil yn hir ar yr enw nesaf ar bliw. Yr hyn a elwid arno yn Llangyfelach, Morgannwg oedd

sebon slwt.

Pam? meddech chi. Daw pethau i'r cof yn ddisymwth weithiau, ac erbyn hyn rwy'n siŵr fy mod wedi darganfod yr esboniad iawn ar yr enw. Doedd dim peiriant golchi. Doedd dim llawer o bowdwr golchi chwaith. Yr hyn oedd gan y gwragedd oedd yn gorfod plygu dros dwba pren oedd styllen olchi, neu wasł bord. Yr oedd dillad gwaith yn colli'u lliw, ond roedd crysau gwynion a dillad gwely'n gwneud hynny hefyd. Yr unig beth oedd gan y gwragedd i geisio rhoi rhywfaint o raen arnynt oedd dŵr bliw. Enw sarhaus arno yw sebon slwt. Teimlai'r sawl a luniodd yr enw fod gwragedd yn troi at y bliw i arbed gwaith ac arian iddyn nhw eu hunain.

Mae sawl dywediad yn ymwneud â bwyd, ac mae sawl un o'r rheiny'n cyfeirio at gyfnod pan goginiwyd popeth ar dân agored. Mae elfen gref o gyfarwyddo ynddynt, megis

Tân llym o dan y llymru,
Tân mall wna'r bwyd yn well.

Llymru, yn ôl O. H. Fynes-Clinton, yw 'gwaelod blawd ceirch wedi berwi i fyta hefo llefrith'. Roedd fy mam yn crasu pice ar y mâ[e]n ar dân agored ond roeddwn i wastad yn teimlo'n ddiflas ar ôl awr o deithio ar y bws ysgol a chyrraedd adref a gweld y tân wedi mynd drws nesaf ac yn llosgi'n isel iawn. Tân mall oedd y tân hwnnw.

Yn sir Aberteifi, mae'r elfen feirniadol yn gryf. Mae'n bosibl mai cwyn gweision fferm oedd hon:

Llymru lled amrwd
I lenwi bol yn lle bwyd.

Mae yfed gormod o gawl heb lawer o faeth ynddo'n gwneud yr un peth, gallwn feddwl:

Cawlach, cawlach
Hala dyn yn afiach.

Siarad a sylwi ar ei gilydd a wnâi'r gweision wrth y ford. Yn sir Fôn, fe gofir bod ambell un yn gwneud sŵn wrth fwyta:

sŵn fel hwch yn cnoi sindars,

ac yn sir Aberteifi roedd hwnnw

fel hwch yn byta cols.

Yno hefyd, petai rhywun yn bwyta gormod, dywedid

Medrech **ladd chwannen** ar fy mol i.

Ar ôl pryd mawr o fwyd, mae'r croen yn dynn a'r bola'n galed. Fel arfer, rhaid defnyddio dau fys i ladd chwannen, ond pan fo'r bola yn y cyflwr yma dim ond pwyso'r fawd ar y chwannen sydd raid.

Ond poendod oesol pob gwraig tŷ yw gwybod pa fwyd fydd yn flasus ac yn dderbyniol gan y teulu cyfan, a chwestiwn y plant 'Be sy i ginio, Mam?' fel tôn gron yn ei chlustiau. Bwriwch eich meddwl 'nôl i'ch plentyndod ac i ymateb eich mam i'r un cwestiwn. A fyddai'n ateb yn ffraeth, gan ddweud

glased o ddŵr a wâc rownd y ford,

chwedl pobl sir Benfro, neu

tatws a phwynt

neu yn fy nheulu i, 'taters an' point'? Dyma ffordd o gau ceg plentyn oedd yn holi'n ddiddiwedd, yn enwedig os nad oedd y fam ei hunan yn gwybod yr ateb ar y pryd. Mae'r ymateb olaf hwn yn dyddio o'r cyfnod pan fyddai ystlys o gig moch yn hongian o'r bachyn yn y gegin ac yn ôl fy nhad, codi eich bys at y nenfwd a phwyntio at y cig oedd ystyr *point*. Ond gwyddai'r hen wragedd oedd genhedlaeth yn hŷn nag e o brofiad mai ceisio gwneud y gorau o'r ychydig gynhwysion oedd ganddyn nhw oedd raid iddynt pan oedd hi'n fain ar y teulu. Gwnaent bryd o ffrio winwnsyn mewn saim cig mochyn, ychwanegu tatws ato a digon o bupur a halen, a'i fwyta â bara. Doedd dim cig yn y pryd o gwbl. Roedd mamau sir Aberteifi lawer mwy mentrus gan mai

> **Barcutyn llwyd o'r co[e]d**
> **A ffwlbart wedi drewi**
> **A winci naw mlwydd o[e]d**

oedd eu hoff bryd nhw, neu o leiaf eu ffordd o gau ceg yr holwr. Ond pan fyddai ei wanc ar ei waethaf, byddai un o'r plant yn rhedeg at y ford gan gwyno bod

> **Bola'n holi – 'ble mae 'ngheg?'**

neu

> **Bola'n gofyn 'Ble mae 'nannedd i?'**

petai'n byw yn sir Benfro. Wedi cyrraedd dechreuai'r plentyn lwytho bwyd i'w blât, ac yn y diwedd byddai'n ffaelu bwyta'r cwbl, a'i fam yn dannod iddo, ym mhob ardal,

> **Ma dy lygad yn fwy na dy fola.**

Roedd pobl Llanrwst, sir Ddinbych, yn ceisio dysgu boneddigeiddrwydd i'w plant:

> **Digon dyn, llond bol mochyn,**

hynny yw, mochyn sy'n bwyta llond ei fol o soeg, ac ni ddylai dyn ond bwyta'i wala. Er bod y mynegiant yna'n dwt ac yn drawiadol, fersiwn Ysbyty Ifan gyfagos sy'n cario'r dydd i mi:

> **Gweddeidd-dra i ddyn a llond bol mochyn,**

oherwydd ei briodolder diymhongar. Er bod dyn yn edmygu uniongyrchedd a gonestrwydd y dywediadau, mae gwedduster rhai ohonynt yn ddeniadol iawn hefyd. Gan fod mochyn yn byw yn y twlc fel arfer, châi e ddim porthiant garw. O ganlyniad, doedd e ddim yn gallu treulio'i fwyd fel y dylai. Yr ateb oedd rhoi cols o'r grât iddo gnoi arnynt a hynny'n arbed iddo fynd yn rhwym.

Ro'n i yng nghinio Merched y Wawr de Cymru rywdro ac yn eistedd gyda rhai o ferched Llanymddyfri. Y cwrs cyntaf oedd dewis o salad ffrwythau neu gawl, ac meddai un ohonyn nhw,

> **Cawl i'r Diawl**
> **Stiw i Dduw.**

Câi ei ddweud gartref ac yn yr ysgol, meddai hi. Mae'r odl yn rhwydd iawn ac yn tanlinellu'r atgof am gawl a sêr ar ei wyneb ac ychydig iawn o gig. Roedd stiw yn cynnwys cig a llysiau ac felly'n fwy derbyniol a maethlon. Petai plentyn yn dechrau tolach ei fwyd, neu'n siarad gormod, byddai ei fam yn ei geryddu â'r gorchymyn

> **Bydd wrth dy fwrdd.**

Unwaith yn unig y clywais i'r cerydd hwnnw, a hynny yn nhre Aberteifi. Wn i ddim a ydyw'n perthyn i ardal neu i deulu. Bwrdd, yn naturiol yn yr achos hwn, yw bwyd a diod. A phetai'n gadael rhywfaint heb ei fwyta, byddai rhywun yn siŵr o'i annog trwy ddweud

> **Daw bola'n gefen, ddaw cefen byth yn fola**

yn y de-orllewin neu

> **Gwell bola [h]ollt na bwyd da'n bratu**

ym Morgannwg, ond ym Mochdre, sir Fôn mae'r ymateb yn urddasol:

Byta dy fwyd, **dydy o ddim yn fara gosod**.

Bara wedi'i sancteiddio i'w roi ar yr allor yw bara gosod, yn ôl yr Hen Destament. Mae'n weddol hawdd holi ynglŷn â'r enghreifftiau uchod a chael atebion boddhaol, ond cefais hyd i'r enghraifft nesaf yn ddamweiniol hollol. Roeddwn i'n cael pryd o fwyd ar fferm yn Aber-arth, sir Aberteifi, a gŵr y tŷ yn estyn am yr halen. Er mawr ofid iddo, roedd y pot yn wag, a dyma fe'n dweud yn herfeiddiol, bron,

Lle roedd efe i fod.

Ni fyddwn wedi meddwl holi am y fath beth, ond yn y tŷ hwn roedd yn ddywediad cyffredin iawn a ddefnyddid wrth fynd i'r cwpwrdd arferol i chwilio am rywbeth a chael nad oedd yno. Gwirionedd arall a gefais gan yr un gŵr yw

Call gŵr a ŵyr faint ei gylla.

Ar adegau, wedi cael brecwast da, gall rhywun anghofio am fwyd am oriau ac yna, yn sydyn, mae gwylder neu wendid ofnadwy'n ei lethu. Yna mae'n llowcio pryd o fwyd, ac o ganlyniad yn cael diffyg traul. Clywch y ffordd ffraeth sydd gan bobl sir Aberteifi o fynegi hyn:

Hirbryd wnaiff fawrbryd a mawrbryd wnaiff gywilydd o'r bola.

Mae un arferiad sydd bron â darfod o'r tir. Mae'n rhan o foneddigeiddrwydd y Ffrancod, cyn dechrau pryd o fwyd neu wrth weld pobl yn bwyta mewn caffi, i ddymuno *bon appétit* i'w gilydd. Ydy hyn yn bod yng Nghymru? Un enghraifft yn unig sy'n hysbys i mi, a honno yn Llansamlet, lle gallai pobl ddymuno

Stwmog dda i chi nawr 'te.

Mae'n digwydd amlaf wrth osod pryd o fwyd o flaen ymwelydd.

Os nad yw'r dull o fyfyrio uwchben un testun wrth eich bodd, yna moelwch eich clustiau a dechreuwch wrando'n astud, ac fe glywch y dywediadau hyn yn britho'r sgwrs – ond cofiwch am y papur a'r pensel! Wedi dweud hynny, mae'n syndod fel mae rhywun yn taro ar rai weithiau. Ryw noswaith oer yn y gaeaf, yn Aberystwyth, rhuthrais allan o'm car bach coch, yn gwisgo cot goch ac yn syth i wyneb dyn dieithr. Yntau'n gwenu a dweud

Coch a ddal ei olchi
Coch a ddal ei liw.

Erbyn holi ymhellach, deellais fod cwpled arall yn ei ddilyn mewn rhai ardaloedd, sef

Os ceith coch bach lony[dd]
Fydd coch bach siŵr o fyw.

Yn ôl un wraig, mae'r cwpled cyntaf yn sôn am wlanen goch a'r olaf am berson pengoch. Ond mae gen i ryw syniad y gallai fod yn rhyw fath o hysbyseb. A oedd y gwerthwr gwlanenni'n ei lafarganu tybed? A beth am hwn, o Rymni:

Coch yw'r gora i gatw,
Coch yw'r gora 'i liw
Gadewch i'r coch gēl llonydd
A mentra i bydd a (ef) **byw.**

Tridiau'r deryn du

Y grefft a groniclir orau yn y diarhebion a'r dywediadau, yn naturiol efallai, yw crefft yr amaethwr a'r hyn sy'n cael yr effaith fwyaf arni, y tywydd. I rywun nad yw'n deall fawr am ffermio, mae'n ymddangos y gallai'r ffermwr fod ar ei ennill wrth ddilyn eu cynghorion. Mae'r agwedd yma ar ein diwylliant yn rhoi teimlad cynnes i rywun fel fi na chafodd ei magu yn y wlad. Yr unig anifeiliaid, ar wahân i gŵn a chathod, yr oeddwn i'n gyfarwydd â nhw yn blentyn oedd y defaid oedd yn dod i lawr o'r mynydd bob nos i chwilmentan yn ein bwced lludw ni oedd yn y stryd tu faes i ddrws y bac, ac yn ei droi wyneb i waered nes bod crafion tatws a phob annibendod dros bob man. Ond fe wyddwn fod amaethu wedi bod yn ffordd o fyw am filoedd o flynyddoedd yn hytrach na chanrif neu ddwy yng Nghymru, ac felly bod dylanwad canrifoedd lawer ar rai o'r dywediadau. Roedd llawer llai o ddylanwad y Saesneg ar y rhai cynhenid hefyd. Os oedd bardd fel y diweddar Dic Jones yn gallu creu cerddi arobryn wrth yrru ei dractor, yna mae'n siŵr y bu'r un cyfle i fathu dywediadau wrth ddilyn yr ych.

Dywedir mai'r cyfaill a bery orau i'r gwladwr ac i ŵr bonheddig yw ei ffon:

Ffon yw cyfaill gorau dyn,

a'r cyngor oedd

Tor di'r ffon pan weli di hi.

Mae'n grefft gweld ffon o flaen eich llygaid pan yw hi'n tyfu'n dal yn y berth, ac mae darganfod canger a wnaiff ffon dda'n rhoi boddhad mawr. Ond rhaid ei thorri ar unwaith neu fe all rhywun arall fod wedi'i thorri hi erbyn i chi ddod 'nôl i chwilio amdani. Y dyddiau hyn, mae cystadleuaeth gref mewn sioeau am y ffon orau, ac mae'n bwysig iawn dod i nabod y pren cyn dechrau gweithio arni.

Ddyddiau a fu yn sir Fôn, roedd gwneud cewyll i ddal cimwch yn gamp. Rhaid hel y gwiail cyn iddyn nhw ddechrau deilio. A'r adeg iawn i wneud hynny oedd

amser oedd oen ym mol y ddafad.

Hyd yn oed heddiw, beth bynnag fo'r tasgau sy'n ein hwynebu, a ninnau'n ceisio'u hosgoi, mae'r pen yn dweud wrthym taw

Dechra'r gorchwyl yw hanner y gwaith.

Gwraig sy'n dal yn smart iawn er ei bod yn naw deg oed a ddywedodd wrthyf yn y cwrdd ryw fore Sul ei bod bellach yn codi awr yn hwyrach nag y buodd hi, sef am wyth o'r gloch. Ffermwyr ar y Rhigos ym Morgannwg oedd ei chyndeidiau a'u hathroniaeth nhw oedd

Os collwch chi'r bore, collwch chi'r dydd.

Yn Nhyddewi, roedd rhaid mwstro'r gweision fferm â phennill:

Codwch fois, codwch.
Mae mab yr iâr
Yn canu'n ffres
A chithe'n gorwedd yn y gwrès.
Codwch fois, codwch.

Mae'n ddweud pur gyffredin mai'r amser gorau i hau ceirch yw

Tridiau'r deryn du a dau lygad Ebrill.

Ond nid yw pawb yn cytuno ar amseriad yr ymadrodd hwn. Mewn rhai ardaloedd, mae'n golygu tridiau olaf Mawrth a dau ddiwrnod cyntaf Ebrill, ond yn ôl pobl y Bala, ei ystyr yw wedi i ddyn weld dau flodyn llygad Ebrill ac i'r aderyn du fod wrthi ers tridiau'n gwneud ei nyth. Yn ôl yr arbenigwyr, mae hon yn gred gyffredin ledled Ewrop ac yn gyfarwyddyd wrth hau ceirch gwanwyn yn unig. Yn ôl pobl sir Ddinbych,

Yr amser gorau i guddio'r heidden,
Pan mae dail y bedw fel clust llygoden.

Chlywais i ddim gan ffermwyr Ceredigion am yr amser i hau haidd ond maen nhw'n sicr o'r math o dir a'r hinsawdd sydd eu hangen:

Hau gwenith yn y baw a haidd yn y llwch

ac ym Morgannwg, y geiriad yw

Llaid i wenith a lluwch i haidd.

Mae'n amlwg mai mis Mehefin yw'r mis tyngedfennol i'r cnydau, gan mai

Na farna dy egin tan hanner Mehefin

yw cyngor ffermwr o Gastellnewydd Emlyn, sir Aberteifi, ac ymhellach

Glaw mis Mai, gorau na bai,
Glaw Mehefin am gynnydd i'r egin

gan fod glaw Mai'n peri i'r llafur dyfu'n dal iawn ac i'r dywysen fod yn wag o ganlyniad. Ond o gael Mai sych a glaw ym Mehefin nid yw'r gwellt yn gordyfu a bydd y dywysen yn llawn:

Aredig ar rew
A llyfnu ar [y] glaw
Sy'n hala'r ffarmwr
Â'i din i'r claw[dd].

Ceir llu o gynghorion am fagu anifeiliaid hefyd, megis

Gwynt i oen a haul i fochyn.

Mae oen ar ei enedigaeth yn fwy gwydn na mochyn. Mae mochyn yn dal ei dir yn well os caiff gyfnod o dywydd mwyn a rhywfaint o haul pan fo'n ifanc: heddiw fe'u rhoir dan olau a gwres artiffisial. Mae oen yn caledu'n well mewn tywydd garwach. Mae

Mawrth a ladd
Ebrill a fling
A rhyngon nhw'u dou
Adawan nhw ddim

yn sôn am effaith y tywydd ar ddefaid yn arbennig. Hirlwm Mawrth a ddechreua'r drwg. Yn niwedd y gaeaf, mae'r porthiant yn prinhau a'r defaid ar eu cythlwng ac yn wan. Yna pan ddaw Ebrill a'i borthiant newydd, mae'n rhy gryf i'r gweiniaid ei dreulio a thriga'r defaid. Addasodd y Dr R. Alun Roberts y ddameg hon at ddynion hefyd. Wedi dioddef caledi ac oerwynt Mawrth, mentrent allan i gawodydd Ebrill gan ddioddef o anhwylderau'r frest o ganlyniad, a marw. Dyma un arall am foch:

Chwefror garw, porchell marw
Ond os bydd byw fe dry y derw.

Y dehongliad a gefais yn Ffair-rhos oedd petai'n gallu dal gerwinder mis Chwefror, gallai'r mochyn bach fynd eto i chwilio am fes yn y goedwig. Mae hynny ynddo'i hun yn awgrymu bod y ddihareb hon yn ganrifoedd oed, gan i'r coed derw ble gallai'r moch grwydro'n rhydd gael eu cwympo ers blynyddoedd mawr. Mae anghenion gwartheg a cheffylau'n cael eu cymharu hefyd:

Beudy oer, stabal gynnes.

Ond os yw fferm i dalu, mae'n rhaid wrth

Y ddafad hesbinog
Y fuwch eid[i]onog
A'r gaseg [e]bolesog

yn ôl cyngor gŵr o Abergwesyn, Brycheiniog. Mae angen oen banw, llo gwryw ac eboles cyn cael llwyddiant. Rhaid i'r tywydd hefyd fod o'i blaid a gall y ffermwr gydweithio â'r elfennau hefyd dim ond iddo fod yn graff a darllen yr arwyddion a geir yn y diarhebion:

Cylch ymhell, glaw yn agos

sef cylch o amgylch y lleuad. Eto

O grwybyr i wynt, o wynt i law,

a

Glaw mân y bore
Glaw manach y prynhawn.

Mae'r nesaf yn cyfeirio at y machlud:

Coch i lawr, tegwch mawr
Coch i fyny, glaw fory.

Os ydym yn byw yn y wlad neu yn y dref, gall pawb dystio i wirionedd

Gaea cynnar, hir y pariff.

O'i chymharu â'r cyfoeth sy'n ymwneud â ffermwriaeth, tila iawn yw'r wybodaeth am y crefftau eraill. Slawer dydd ni fyddai crefftwyr Morgannwg yn mesur dim, dim ond gweithio yn ôl

Amcan llycad a lled llaw.

Wrth godi wal gerrig a phenderfynu a oedd yn blwm neu beidio, tueddent i farnu ei bod

llycad a thrwyn yn gwmws.

Sylwer ar hierarchaeth y crefftau ym Modedern, Môn ac ar statws cymharol y gwahanol grefftau. Cefais sicrwydd gan gyn-saer mai fel hyn yr oedd hi ymhlith y crefftwyr. Roedd y crefftwr yn codi pris am ei waith, ond cael eu talu wrth y dydd roedd labrwyr, ac mae'r dywediad nesaf yn awgrymu'r gwahaniaeth oedd rhwng y crefftau:

Amcan saer a mesur teiliwr
Modfedd go' a rh[y]wsut labrwr.

Câi'r seiri lawer egwyl ddifyr wrth dynnu coes prentis. Gofynnai'r bachgen, 'Be dach chi'n neud?' gan ysgogi'r ateb,

Curo hoelan ddeuben

neu gallent ei anfon ar neges,

Dos i nôl ebill deudwll.

Ond nid oes na hoelen ddau ben nac ebill all dyllu dau dwll ar y tro yn bod, wrth gwrs.

Ym Môn, wrth siarad am rywun sydd yn yr arfer o yfed gormod, caiff bardwn trwy ddweud

Rhaid i'r nog gael nofio.

Talfyriad o'r gair 'pennog' yw 'nog'. Roedd penwaig picl yn bryd blasus iawn a phoblogaidd ym Môn a sir Gaernarfon, ond gallai fod yn hallt ac roedd gofyn yfed digon gyda'r bwyd. Mae un arall, doeth iawn, sydd eto'n cymharu dyn ac anifail, a hwn o Fôn hefyd:

Yf ynfyd fwy na'i lonaid, ni yf ych ond sydd raid.

Mae'r dyn gwyllt yn yfed mwy nag y gall ei ddal ond yfed yr hyn sydd ei angen arno yn unig wna'r creadur. O'r sir honno, daw'r ddihareb sy'n pwysleisio bod angen

Mul i weithio, sgìl i fyw.

Wedi troi cyhyd ym myd amaethyddiaeth, roedd mynd i gymdeithas lofaol Godre'r-graig ac Aberdâr fel taro ar wythïen newydd imi. Mae disgrifiadau'r coliar yn hollol uniongyrchol ac yn fyw iawn. Mae'n disgrifio menyw fawr dew fel

caseg dwy ddram.

Dim ond caseg gref iawn allai dynnu dwy ddram llawn o lo. Sonnir am rywun cecrus fel y

Diawl o'r pwll

ac am gwrw gwan fel

cwrw cryts yn dychra gwitho.

Yn ardaloedd y glo, sonnid am ddau'n mynd i'r dafarn ac un ohonynt heb ddigon o arian yn ei boced. 'Dere,' meddai'r llall. 'Ma 'da fi

wech i gwnnu'r latsh.'

Petai gan ddyn bishyn wech (hen ddarn chwe cheiniog) yn ei boced, byddai ganddo ddigon i brynu'r ddiod gyntaf iddo'i hun. Unwaith iddo gwnnu'r latsh, roedd ganddo obaith o gwrdd â phartner a brynai'r ail wydraid iddo. Mae'n anodd dyddio'r ymadroddion hyn. Ar droad yr ugeinfed ganrif, gellid prynu peint o gwrw am dair ceiniog. Ar ôl y Rhyfel Byd Cyntaf, cododd i chwe cheiniog y peint. Roedd gweithio yn y gwaith tân neu haearn, ac yn ddiweddarach, yn y gwaith glo, yn waith llychlyd a sychedig iawn. Agorai'r perchnogion fragdai a thafarnau'n agos at y gwaith i ddiwallu'r angen, ac i lenwi eu pocedi eu hunain.

Yn sir Gaerfyrddin, defnyddid codi'r latsh mewn ffordd wahanol er iddo darddu o'r un man. Gellid dweud yn y capel bod y siaradwr, wrth fynd i hwyl,

yn dechre codi'r latsh.

Meddyliais ar un adeg fod

dala'r slac yn dynn,

i ddisgrifio'r hwyl sydd ar rywun pan nad yw'n teimlo fel gweithio ac yn cyflawni cyn lleied ag y gall e, yn perthyn i'r diwydiant glo. Bellach rwy'n sylweddoli ei fod yn perthyn i fyd y ceffyl yn gyffredinol ac nid dim ond y ceffyl dan ddaear. Gall bol ceffyl lenwi â gwynt a rhaid tynnu'r strapen o'i amgylch eilwaith i'w chael i aros. Ffordd y coliar o ymdopi â'r teimlad o ddiogi a gâi bob hyn a hyn oedd

tynnu trâd dros y rails.

Dan ddaear, roedd y ddram lo'n rhedeg ar hyd pâr o gledrau ac roedd tuedd i lo a cherrig mân grynhoi rhwng y ddwy reilen. Petai cerrig mân ar y ddwy reilen, byddai'r ddram yn dymchwel. Yn ôl y rheolau, dylai'r coliars godi'r holl gerigach a glanhau'r trac yn ofalus, ond weithiau, pan fyddai diogi'n drech na nhw, ni fyddent yn gwneud dim mwy na thynnu eu hesgidiau dros y reils a'u glanhau felly. Dyna a ddywedai'r gwragedd wrth eu gwaith tŷ hefyd pan deimlent yn ddiog. Ond roedd ffordd arall o ymesgusodi ganddynt hefyd:

Daw Mari fach y forwyn cyn bo hir.

Wedi cael hanner awr fach o seguryd, deuai'r teimlad na ddylai rhywun ddiogi'n rhy hir a gallai rhai mewn rhannau o Forgannwg sylweddoli mai

Mishdir caled yw diogi.

Yn Nefyn, dywedid wrth ddyn diog,

Dŵt ti ddim yn gneud **digon i gael halan yn dy uwd**.

Rhoddid digon o halen gyda'r bwyd slawer dydd a châi'r adnod 'Chwi yw halen y ddaear' ei dyfynnu'n aml wrth roi halen yn y tatws. Taten a halen oedd bwyd y tlodion. Does dim llawer o flas ar datws, ond mae ychwanegu halen yn rhoi blas arnynt. Calen o halen a brynid slawer dydd, sef blocyn sylweddol ohono. Ceid tro bach arall i'r ymadrodd yn Llandeilo, sir Gaerfyrddin, sef

G[w]na rywbeth am dy fwyd, ŷt ti'n cal dy halen am ddim.

Defnyddid halen fel rhybudd i blentyn drwg. Yn Nefyn eto,

Rhof i halen yn dy uwd

oedd y bygythiad i rywun afreolus. Ac yn Rhymni roedd y rhybudd yn rymus iawn: 'Os na fihafi di i (fe)

ddota i [h]alan yn dy gawl di a gwely gwellt odeni di.'

Clywais wraig o Lansamlet yn dweud na fyddai byth yn mynd at un o'i chymdogion i ofyn am fenthyg dim, gan fod ganddi ormod o falchder i wneud hynny:

Well 'ta fi **fyta tatws a [h]alan**.

Ym Merthyr Tudful, ffordd o gymell dynion i weithio'n galetach oedd

[H]alan dan ei gwar i nawr 'ta bois!

Ond roedd ambell bersonoliaeth, er gwaethaf pob bygythiad, yn gallu bod

fel pen rhaw o styfnig

yn ôl cyfaill o Nefyn. Yng Nghwm Tawe, petai dau ddyn yn mynd gyda'i gilydd i ryw gyfarfod neu i'r dafarn, ac un ohonynt yn oedi cyn cychwyn, byddai'n siŵr o ddweud wrth ei bartner, 'Cer di yn dy flân; fydda i ddim

(hyd) **pâr o rails**

neu

(hyd) **pâr dwy wrth dy gwt di.'**

Roedd pâr o rails dan ddaear yn ddwylath o hyd.

Trwy chwys dy wyneb

Fe fu adeg pan na fyddai diwrnod yn mynd heibio heb sôn am streic neu wrthdystiad a llais yr undebau'n codi i'r entrychion. Roedd gŵr o Soar, Môn, yn awgrymu na

Wyddoch chi ddim pwy iâr, pwy geiliog

yn y gymdeithas sydd ohoni. Yr ystyr yw ei bod yn anodd gwybod erbyn hyn pa un yw'r gwas a pha un yw'r meistr. Yn ôl rheolau natur, y ceiliog ddylai fod drechaf, ond yr ieir sydd uchaf eu clochdar y dyddiau hyn.

Arian sydd wrth wreiddyn yr anniddigrwydd i gyd, a chlywir dyfynnu'n aml

Teilwng i'r gweithiwr ei fwyd.

Slawer dydd, roedd dynion yn cyrraedd clos y fferm yn chwilio am ddiwrnod o waith. Gweithwyr crwydrol oedden nhw; dyna eu ffordd o fyw. Deuai cymydog heibio a gofyn, 'Pwy yw hwnna 'te? ' 'O, ryw

Siôn o'r wlad heb ddim un tad'

oedd yr ateb. Roedd ambell wraig hefyd yn wladaidd ei ffordd. Gelwid hi'n 'Siân o'r wlad'. Siôn a Siân oedd yr enwau oedd ar dafodau pawb ledled Cymru am bobl nad oedden nhw'n siŵr o'u henwau, ond eto oedd yn rhan o'r gymdeithas. Roedd 'Siôn 'run shwt' wastad yn gwisgo'r un dillad ac yn ymddwyn yn yr un ffordd. Mae sôn am 'Siôn ware teg' a 'Shwni bob ochor', wrth gwrs. Roedd Shwni bob ochor yn un a redai

gita'r cŵn a'r canddoid (llwynogod, cadnoid).

Yng ngogledd sir Fynwy, roedd

Shwni oi

yn enw ar ddynion yr ardaloedd glofaol a oedd, fe ddywedir, yn gwisgo'u capiau ar ochr eu cern ac yn gweiddi 'Oi!' ar ei gilydd wrth gerdded y strydoedd. Dyn diog yno oedd

Shwni lonydd.

Roedd Jac y Baglau'n

Shoni cos [h]ir.

Yn yr un ardal, dywedid wrth siarad Cymraeg, yn naturiol, ac yng nghanol sgwrs Saesneg hefyd,

Ma lot o **Shwd ych chi 'eddi** yndo fe/yndi hi

sef gorfalchder. Roedd pawb a drigai yn yr ardaloedd glofaol yn gweld eu hunain rywbeth yn debyg i'w gilydd, ond byddai ambell fenyw'n gwisgo'n smart i fynd i siopa hyd yn oed, gan deimlo'i bod yn well na phawb arall. Roedd

fory Siôn crydd

yn golygu rhyw ddydd nad oedd sicrwydd pa bryd y deuai. Dyna hanes cryddion ledled Cymru, medden nhw. Roedd pob cwsmer am wybod pryd byddai ei esgidiau'n barod. Fory oedd yr ateb bob tro. Ond gallai fory'r crydd ymestyn am wythnosau, yn enwedig o gofio'r holl drafod a seiadu fyddai'n digwydd yng ngweithdy pob crydd.

Dywedir bod gwaith yn brin y dyddiau hyn, ond ymddengys mai ychydig sy'n barod i chwysu am eu harian. Mae llyfr Genesis yn ein rhybuddio mai

Trwy chwys dy wyneb y bwytei fara.

Ond mae pobl sir Aberteifi'n cofio am linell a ychwanegid at yr uchod, sef

A thrwy chwys dy dalcen y bwytei gacen.

Mae'n debyg mai hynny sydd wrth fôn yr anfodlonrwydd sy'n brigo i'r wyneb bob hyn a hyn. Mae gan y mwyafrif arian digonol i brynu bara, ond mae pawb am gael y pleser o fwyta peth melys bob hyn a hyn.

Ar ôl gweithio'n galed, a llawer o fynd a dod, gallai rhywun yn sir Gaerfyrddin ddweud ei bod wedi bod

yn chwys ac yn llafur 'ma heddi.

Roedd ambell weithiwr yn anniben wrth ei waith ac yn gadael ei arfau rywle rywle. Yn sir Gaerfyrddin, dywedir am offer dyn felly,

Lle syrth y pren yno y bydd efe.

Gŵr o Gwm-bach, sir Gaerfyrddin a ddywedodd wrthyf fod y geiriau yna yn Llyfr y Pregethwr. Mae yn y bennod sy'n dechrau â'r geiriau, 'Bwrw dy fara ar wyneb y dyfroedd'. Y benbleth yn aml gyda dywediad sydd wedi'i gofnodi unwaith yn unig yw gwybod a oedd yn perthyn i unigolyn, i ardal neu i grefft. Un arall a gefais yn yr un ardal, sydd yn Llyfr y Diarhebion, oedd

Y sawl a gloddia bwll a syrth ynddo.

Mae'r rhan fwyaf ohonom yn gorfod gweithio o fewn rhyw gyfundrefn fawr, ac mae dyn yn mynd yn fwy o gaethwas i'r system bob dydd. Dywed rhai fod hynny'n anochel mewn cymdeithas ddiwydiannol ac ôl-ddiwydiannol. Ond nid felly y bu yn y gymdeithas amaethyddol draddodiadol, er mor ffiwdal y gallai honno fod. Doedd streic ddim yn bod y pryd hynny. Wrth edrych 'nôl, ffordd ddigon diniwed oedd gan weision fferm o dalu'r pwyth i'w cyflogwr.

Bwyd milgi, gwaith milgi,

meddai gwŷr Pont-siân, a chan fod eu bwyd yn rhan o'u cyflog, byddai bechgyn sir Fôn yn holi ei gilydd cyn cyflogi,

Oes 'na **le go lew o dan y wasgod?**

Roedd y meistr hefyd yn adnabod gwas o'i agwedd wrth y ford:

Hir wrth ei fwyd, hir wrth ei waith.

Dyn digon diog oedd hwnnw. Roedd rhai, wrth gwrs, yn mwynhau cael sgwrs a hel clecs ond

Y clebryn mwya yw'r gweithiwr lleia

oedd hi ym Morgannwg. Ar ôl bwyd, byddai rhai'n dechrau pendwmpian, ond cyn i hynny ddigwydd gallai ceg ambell un

agor am lawer a chaead am ddim.

Doedd ganddo ddim byd call i'w ddweud, ac ni allai ymatal rhag pendwmpian. Roedd ambell un wrth dynnu llinyn mesur dros bobl eraill yn

mesur pawb wrth ei fesur ei hun.

Er gwaetha'r holl ladd ar y meistri, mae lawer ym Morgannwg wedi gorfod derbyn mai

Gwaith yw gweitho, gwêth yw pido.

Yn y fro honno, sylweddolid mai

Gwell pob gwês o'i gamol a phob morwm o'i chyfarch.

Ond pan aiff y gwas yn feistr, y pryd hynny y cyfyd y problemau:

Gwas da, mishdir gwael.

Fe'i clywais hefyd yng nghyd-destun cynnau tân. Mae tân hefyd yn was da, ond o beidio â'i reoli, gall achosi erchyllterau mawr. Roedd ambell was yn adnabod ffermydd yr ardal i gyd. Dywedid am was oedd yn symud i le arall,

Fe wêl wahaniaeth yn ei fwrdd,

gan ychwanegu,

Te gola leuad a bara llwydi

gaiff e fanna. Ym Morgannwg, roedd angen paratoi bwyd at bob gwaith, hyd yn oed y gwaith symlaf, a allai fod yn bleser hefyd. Roedd casglu llus yn golygu eich bod yn eich plyg ac wrth y gwaith am oriau gan fod y ffrwythau'n fân ac yn isel. Sefyll yn yr haul a gordwymo a wnewch wrth gneua, mae'n debyg:

Bwyd i lysa (casglu llus) **a diod i gneua** (hel cnau).

Ym Mhort Talbot, Morgannwg, gallai dwy wraig oedd wedi treulio cryn amser y diwrnod hwnnw yn cantan neu glebran, '[R]ŷn ni wedi bod fan [h]yn

dicon i fwrw prentisiath [h]eddi.'

Gall ambell un oedi dros ei fwyd gan geisio lladd amser am ei fod yn anfodlon mynd 'nôl at ei waith. Yn Ffair-rhos, dywedir:

Nid wrth ei big mae nabod cyffylog
A nid wrth y bwrdd mae nabod dyn diog.

Roedd tipyn o hiwmor yn yr agwedd at waith slawer dydd.

Gweitha, fe gei di weitho
Gorwe[dd], fe gei di help,

meddai pobl Pont-siân. Mae rhyw fersiwn ar

Mae cystal ganddo waith y gorfedda fo wrth ei ochor

yn digwydd ar draws y wlad; dyma fersiwn sir Gaernarfon. Yn ardaloedd y glo, mae'r agwedd at waith yn syml. A dyna ddiwedd arni, gan chwarae ar eiriau:

Ma dwy ffordd i neud popeth, ffordd dde a ffordd (ch)with.

Yno hefyd dywedir am ddyn diog fod

mwy o waith mewn potel o bop

('gwaith' yw'r bwrlwm sydd yn y ddiod), ac yn sir Aberteifi, mae fel

masiwn ar y môr.

Diangen dweud nad oes gwaith i saer maen ar y môr, a'r unig beth a wnâi ar fordaith fyddai porthi ei ddiogi. Dros Gymru gyfan, mae llawer ffordd o ddisgrifio rhywun sur ei natur:

Mae'n ddigon i hela'r dincod ar ddyn

neu ei fod

yn ddigon i roi rhwng dyn a'i grôn;

yn ddigon i roi rhwng cardotyn a'i gwd,

neu

Wyt ti'n ddrain yn dy grôn;

yn ogystal â

Mae crôn ei din ar ei dalcen

sy'n lled gyffredin ym Morgannwg. Yn Hirwaun, ceid

Mae gwrych ei ben ôl ar ei dalcen a (e).

Yr un ystyr, yn sir Gaerfyrddin, sydd i

Ma'r cythral dan ei sodle (neu ei wandde, sef gwadnau);

Mae ei gopa wedi codi heddi;

Mae'r Diawl ar ei war e;

ac

yn fyr ei flewyn (Pontgarreg, sir Aberteifi).

Pan fydd golwg ddiflas ar rywun, y cwestiwn a gaiff yw

Pwy sydd wedi cachu ar dy lwybyr di?

Agwedd person diegwyddor yw

Twll din pawb ond Duw.

Ond yr oedd cynghorion da i grefftwyr. I wneud aradr, yn sir Gaerfyrddin, roedd angen

Both o'r berth a sbocen canmlwydd o[e]d.
neu
Both o'r llwyn a'r edyn (adenydd) **o'r popty.**

Cyngor pwysig arall oedd

Nid pob coed neith drol.

Yn naturiol, mae llawer o gynghorion i'r rhai sydd am ddilyn crefftau ond dim ond un cyngor a glywais i rywun oedd am fynd i'r weinidogaeth, a hynny yn sir Fôn. 'Mae isio iti fod

fel sach gwlân

os wyt ti am fynd yn winidog.' Ar ôl cneifio, roedd rhaid stwffio'r gwlân yn dynn, dynn i'r sach. Felly o roi cic i sach wlân doedd ôl y droed ddim yn aros. Mae'r tolc a wnaed yn codi. Er i weinidog gael aml i gic, ni ddylai ganiatáu iddynt adael eu hôl arno.

Roedd gwraig ofalus yn

gosod botwm cyn bod eisiau dau.

Doedd gwinio botymau ddim yn waith pleserus i bawb ond wedi osgoi gwneud y gwaith ar y pryd, erbyn bwrw ati roedd gwendid mewn man arall ac angen gosod dau fotwm. Defnyddiol i bawb ei gofio, yn ôl pobl sir Gaerfyrddin, yw

Mae tric ym mhob trad (*trade*) **ond whilo whilber lan y gofyny** (rhiw).

Yn yr ardaloedd hynny roedd ambell un, di-glem yn aml, yn cerdded ffermydd yn chwilio am waith. Y ffordd o drafod rhywun fel yna oedd

Rhowch swllt yn ei boced a hewl iddo fe.

Yr enw a roddid ar rywun oedd yn chwythu cynnen a'i throi'n ffrae fawr oedd

melin y cythral

a'r un a ddechreuodd y cwbl oedd

pwt y gynnen.

Mae sawl ffordd o ddisgrifio'r weithred o ychwanegu at y drafferth. Yn sir Aberteifi, sonnir am

roi rhagor o fawn ar y tân

yn ogystal â

pwno clwt neu **pwno clwy.**

Y peth olaf y dylid ei wneud wrth geisio gwella clwyf yw ei bwno, sef ei fwrw'n galed. Yn sir Fôn, roedd rhywun mawreddog neu hoff o glywed ei lais ei hun

yn llawn o'r peth sy'n llanw hwylie llonge,

ac yn Llangeitho a Thregaron,

yn llawn o'r stwff sy'n torri llonge.

Yn sir Gaernarfon, dywedir am rywun ymffrostgar ei fod

yn gwbod y cwbwl ac yn dallt dim.

Mewn rhai sefyllfaoedd, gall pobl fethu â rhagweld neu fod yn anfodlon gweld beth sydd o'u blaen nes i bethau fynd yn wael iawn. Mae ffordd unigryw gan bobl Llansamlet o fynegi hyn:

Wêl mo'r ŵydd nes gweld y mynydd.

Welais i erioed ŵydd yn hedfan, heblaw am wyddau gwylltion, ond ymddengys na welant y perygl sydd o'u blaen nes iddynt fod ar ei ben bron. Wrth siarad am fywyd slawer dydd, y sylw a glywir amlaf yn ardal y gweithfeydd glo, beth bynnag, yw

Gwely a gwaith o'dd [h]i pryt [h]ynny.

Roedd hamdden yn beth dieithr ac ar y cyfan, roedd pobl o'r farn bod

newid gwaith cystal â gorffwys.

Ond wrth drafod diarhebion, gwelir y gall y naill wrthbrofi'r llall, fel y dengys yr enghraifft nesaf:

Mae pob gwaith yn well na gwitho.

Yr hen drefn oedd i'r meibion ddilyn crefft eu tadau, boed yn grefft yr amaethwr neu grefft y glöwr. Hyd yn oed os nad oedd perthynas waed rhwng y ddwy genhedlaeth yr oedd agwedd dadol tuag at yr ifanc. Tuedd y crots a'r hogiau oedd bod yn orfrwdfrydig a cheisio gwneud gwaith dyn. Ond plant oeddynt o hyd ac nid oedd eu cyrff yn ddigon cryf i ddal pwysau gwaith trwm. Cyngor gwŷr aeddfed sir Gaerfyrddin iddynt oedd

Mae'n rhaid iti **ddilyn yr iâr** am sbel fach eto.

Mae union ystyr 'dilyn yr iâr' yn aneglur imi ond mae'n awgrymu darlun o gywion bach yn dilyn yr iâr a'u pennau i lawr, yn dysgu sut i ymddwyn a chrafu bwyta wrth fynd. Awgrym dynion Llansamlet oedd bod angen iddynt

fyta sawl torth

a gwŷr Melin Ifan Ddu, sydd hefyd ym Morgannwg, oedd yn dweud bod angen iddynt

fyta llawar torth a chosyn eto.

Yn yr un ardal, dywedid am ddyn diog ei fod

wedi priodi'r dorth.

Wrth feddwl am gario pwysau, cofiais am hen ddihareb o Fôn:

Bydd oen yn folltyn ymhen y filltir.

Roedd angen cyfieithydd arnaf i'w ddeall! Yn ôl *Geiriadur Prifysgol Cymru*, mae molltyn, maharen, gwedder a llwdwn yn gyfystyr. Dewiswch chi pa un sydd yn eich ardal chi. Roedd cig gwedder yn saig dderbyniol iawn ar un adeg. Mae oen bach yn ddigon ysgafn i'w gario ar draws yr ysgwyddau. Ond tyfu wnaiff oen bach. Mae molltyn yn llwdwn dyflwydd trwm. Ystyr y ddihareb, felly, yw y gall llwyth ysgafn droi'n llwyth trwm o'i gario'n hir. Gwelir llawer un sydd wedi mynd i grymu dros y blynyddoedd oherwydd gwaith trwm, salwch neu ofid hir.

Ymhlith y dynion nad oedden nhw bob amser yn eirwir, roedd ambell un ym Mronnant y dywedid yn sarhaus amdano,

Galla hwnnw **wadu ei grefft**,

hynny yw, gallai wadu'r grefft y bu'n ei chanlyn am flynyddoedd, ond gan fod y mab yn dilyn crefft ei dad yn aml, gallai olygu popeth a ddysgodd gan ei rieni erioed. Mae Gwernyfed, a gofnododd ddywediadau Merthyr Tudful, yn nodi bod rhywun

wedi gwadu ei grefft i ddilyn seguryd.

Pe bai rhyw orchwyl arbennig yn galw ac angen ei orffen cyn nos, byddai'n rhaid i'r pen dyn geisio starduno tipyn ar y gweddill. Ei anogaeth yn Swyddffynnon, oedd

Rhowch flewyn ynddi.

Roedd blewyn yn cosi ac yn peri i rywun aflonyddu a chyflymu. Y gorchymyn wrth geisio mwstro dyn diog neu godi cerdded ar rywun araf oedd

Rho sinsir [neu **halen**] **dan ei gwt e.**

Arferid rhoi sinsir neu halen o dan gynffon ceffyl cyn mynd ag ef i'r ffair i'w werthu. Byddai'r halen yn codi'r ceffyl ac yn ei wneud yn fwy anystywallt ac yn fywiocach yr olwg. Pan oedd yn fachgen roedd fy nhad yn byw ar allt. Soniai am ddyn â'i geffyl a chart yn dod lan y llethr. Roedd y ceffyl yn hen ac yn nogio'n aml, a'r hen foi'n rhoi halen dan ei gwt. Ond weithiau, yn enwedig yn y gaeaf os oedd hi'n rhewllyd, doedd hynny ddim yn ddigon, a byddai Nhad yn gorfod rhedeg i ryw dŷ i ofyn am golsyn o'r tân, ac fe wnâi hynny'r tric.

Mae stori gan wraig o Dregaron, Sir Aberteifi, am dwrcïod oedd yn dodwy ym mhob man. Rhoddwyd diwedd ar eu castiau drwy roi halen dan eu cwt. Wedi'r driniaeth honno, aethant yn syth at y nyth a dodwy yno.

Câi rhai'r enw o fod yn well gweithwyr na'i gilydd, neu'n barotach eu cymwynas. Y duedd oedd achub mantais ar y bobl hynny, gan

yrru ar y ci a redo

ym Môn. Dull Morgannwg o ddweud yr un peth yw

Y ceffyl a weithiff gaiff witho.

Dyna'r ddau greadur a gâi eu gweithio galetaf ar unrhyw fferm, y ceffyl a'r ci. Peth arall a ddywedid yn ddigywilydd bron oedd

Hai ('hwi mlaen', neu annog) **ceffyl menthyg.**

Ceffyl menthyg yw unrhyw beth a gafwyd ar fenthyg, ac ni châi hynny, beth bynnag y byddai, yr un parch â'r peth a brynwyd, a châi ei orddefnyddio. Pan fyddai merch yn mynd allan ac yn poeni nad oedd ei dillad yn berffaith neu pe digwyddai i waith peintio fod yn wael oherwydd pwysau amser neu esgeulustod, ymesgusodid yn sir Gaerfyrddin trwy ddweud

Stopith neb geffyl gwyn i ddrychid (edrych) **arno**

hynny yw, er gwaethaf ei enw, nid yw ceffyl gwyn yn hollol wyn, mae rhyw flewiach du ac ambell frycheuyn ganddo fe hefyd. Ond ceir yr argraff ei fod yn hollol wyn, a'r argraff sy'n bwysig.

Dim am ddim ...

Un o'r ymatebion a'm synnodd fwyaf oedd yr ymateb i 'Diolch yn fawr'. Slawer dydd pan fyddai glaslanc yn gwneud cymwynas, yr unig ddiolch a gâi am ei drafferth, yn aml, oedd 'Diolch yn fawr'. Ond roedd ambell un yn teimlo'i fod wedi cyrraedd yr oedran lle gallai ddisgwyl cael ei dalu. Pan gyrhaeddai oedran teg a phobl yn dal i ddisgwyl iddo weithio am ddim ond 'Diolch yn fawr', gallai, yn sir Gaernarfon, ateb 'nôl â

Ble ga i newid o?

hynny yw, newid y 'Diolch yn fawr' am arian pen. Yn Llanarth,

Pwy fanc sy'n ei newid e?

neu

Rhowch e i'r ceiliog bach

oedd hi. Wn i ddim am darddiad yr enghraifft olaf ond mae stori yn Nhregaron am hen ŵr a gadwai geiliog a phan drigodd y ceiliog, dyma rywun yn gofyn iddo ble roedd y ceiliog bach. Atebodd yntau,

Mae e wedi mynd, wedi ffaelu byw ar 'Diolch yn fawr.'

Mewn efail yn sir Gaerfyrddin, cedwid bocs yn ymyl y drws ac os nad oedd y gwaith a wnaethpwyd yn ddigon i godi pris penodol amdano, yna disgwylid i'r cwsmer roi ychydig o arian ynddo wrth iddo fynd allan, a'r enw ar y blwch hwnnw oedd

bocs y cilog,

hynny yw, doedd y gof ddim yn gallu byw ar 'Diolch yn fawr' chwaith. Yn Llandysul, dywedid

Doda i fe ar y seld at y rhest.

Lle pwysig oedd y seld; yn honno y cedwid pob darn o bapur a holl gyfrinachau'r teulu. Hefyd yn sir Aberteifi, ceid

Gadewch e man 'na ar gornel y ford.

Ac yn sir Benfro

Sdim ise, ma digon i gâl da fi.

Mae atebion tebyg i'w clywed yn y gogledd hefyd. Yn sir Fôn yr ymateb oedd

Llwgu wnaeth cath Siôn y Gof ar 'Thenciw'!

Do[e]s dim am ddim, a dim llawar am ddima

oedd ffordd pobl y cymoedd glo o edrych ar bethau. Un arall o'u hathroniaethau mawr oedd

Do[e]s neb yn dlawd ond y tlawd o ddyn.

Heddiw, a chynifer o bobl yn siarad â chynifer o leisiau, a phob un yn honni ei fod yn arbenigwr yn ei faes, mae'n anodd gwybod pa broffwyd i'w gredu. Ond mae pawb yn cytuno ar un peth, sef na fu gwerth y bunt yn ein poced mor isel erioed. Mae'r llywodraeth yn ceisio ein cymell i wario rhagor o arian, ond methu mae ei hymgais. Prin bod pobl Môn ar ddechrau'r bedwaredd ganrif ar bymtheg o'r un farn; naws geidwadol oedd i'w cyngor ar y pryd, ond mae'n ymddangos yn fwy gwir heddiw nag erioed:

Banc y tir sy ora.

Y drafferth heddiw yw bod cynifer o gwmnïau, yn fanciau ac yn gymdeithasau adeiladu'n ceisio ein hudo i'w crafangau a phob un ohonyn nhw yn honni mai ganddyn nhw mae'r cyngor gorau. Yn aml, mae rhywun yn nogio ac yn peidio â chredu'r un ohonynt ac yn cytuno â phobl Ffair-rhos, oedd yn gyfarwydd â gweld dynion mewn mart a ffair yn eu hannog i brynu:

Mae bargen gymell yn drewi.

Ym myd ffermio, amheuid bod rhywbeth o'i le ar greadur os oedd ei berchennog yn ymddangos yn orawyddus i'w werthu. Mae'n gwneud inni amau hefyd, wrth weld gŵr bonheddig pwysig yr olwg yn eistedd ar ben y ford â'i weision parchus o'i gwmpas, yn siarad yn neis-neis â ni trwy'r sgrin deledu, ei fod, yn ôl pobl Llangefni, Môn, yn eistedd yn

y gadair gelwyddau

oherwydd mai dyna yw eu henw arferol am y gadair sydd ar ben y ford. Wrth fynd i siopa, mae'r arwyddion a'r sŵn sydd ymhobman yn ddigon i ddrysu dyn, yn enwedig mewn

siop fasged

(term sir Fôn am archfarchnad) a phob un ohonom yn ceisio cael cymaint ag y gallwn am y pris lleiaf posibl. Erbyn hyn, mae pob siop wedi troi'n siop fasged a'r rhai sydd ar ôl yn cael yr enw o fod yn

siop bupur.

Gair Soar, Môn yw hynny am siop sy'n codi'r pris uchaf am ei nwyddau, ac fe'i henwir felly am fod pupur wedi bod yn ddrud erioed. Mae oes siop fach y pentref a oedd, yn ôl gŵr o'r Ro-wen, sir Gaernarfon,

yn gwerthu pob peth ond gras a blacin gwyn

yn prysur ddod i ben. Doedd hyd yn oed y siop ym mhentre Mynytho, Llŷn, ddim yn gwerthu

gwerth chwech o wich

ond roedd rhywbeth yn gwneud i esgidiau newydd y gŵr wichian. Testun balchder i weision fferm ifanc, wedi cael pâr o esgidiau newydd, oedd y sŵn unigryw a wnaent. Siom ar un adeg oedd cael esgid newydd nad oedd yn gwichian. Anogid y gweision ifanc, siomedig i fynd i'r siop i brynu gwerth chwech o wich, yn yr un modd ag y cymhellid nhw i daenu baw gŵydd ar eu gwefus uchaf i dyfu mwstásh.

Wich wach

oedd sŵn esgidiau gwichlyd yn sir Aberteifi ond

wic wâc

oedd eu sŵn yn sir Benfro.

Sgidia gwich llygod

oedd yr ymadrodd yn sir Fôn.

Yn *Hanes Plwyfi Llangeler a Phenboyr* sonnir am 'shwsys (*shoes*) gwyn yn wichwach i gyd'. Yn fy nghof i roedd pob plentyn yn ymfalchïo pan gâi bâr o sgidiau oedd yn gwichian. Teimlai'n dipyn o jarff. Roedd

chwarae wic wiw

yn rhan o blentyndod llawer un. Ceir cwpled i ddiddanu plant bach yn sir Frycheiniog:

Chwic a whiw
Aeth y barcud â'r cyw.

Mae digon o sigl a thinc yn y geiriau i dynnu sylw plentyn bach iawn.

Mae hanes am hen wraig o'r Tymbl, sir Gaerfyrddin, oedd yn gweu drwy'r dydd gwyn ond yn datod y cwbl ar ddiwedd y dydd. 'Pam ydych chi'n neud hynny?' meddai rhywun wrthi. 'O,' meddai

'Rhaid labri cyn cal bwyd.'

Roedd y wraig hon, fe ddywedir, yn llawn o hen straeon ond doedd hi erioed wedi gallu darllen, dim ond

eu clywed nhw o ben i ben ac o glust i glust.

Ym Môn, roedd ambell weithiwr yn dewis gadael ei waith ar ei hanner ac felly'n

blingo'r gath at ei chynffon.

Soniais eisoes am yr hen drefn o dalu,

Talu'r hen a dwyn y newydd,

fel y gwneid ym Mhen Llŷn, sef talu'r tymor hwn am y nwyddau a gafwyd y pen tymor blaenorol, gan brynu ar yr un pryd at y tymor nesaf, ond peidio â thalu amdano. Rhaid taw'r un meddwl sydd wrth fôn y dywediad a geid ym Morgannwg, sef

Dou dalu sydd ddrwg: talu mlân a pido talu o gwbwl.

Bydd rhai heddiw yn talu wrth brynu, ond bydd y mwyafrif yn talu fesul tipyn, dros amser, neu yng ngeiriau gwraig o Lansamlet,

swllt lawr ac ambell i wech.

Er amled yw beiau'r drefn bresennol, fyddwn i ddim wrth fy modd o dan yr hen drefn chwaith. Nid yw

taro bargen

yn fy nghyfansoddiad i, ond gwn am bobl a gafodd eu magu ar ffermydd yn bargeinio hyd yn oed yn siopau'r brifddinas, ac yn llwyddo i gael gostyngiad yn y pris. Câi ambell un yr enw o yrru bargen galed.

Rhaid iddo fo gael tu clyta'r clawdd,

meddai pobl Gwalchmai, Môn, am rywun fel hynny. Sylwer mai'r 'tu clyta' sy'n iawn ac nid 'tu cleta', gan fod ffermwr craff yn gofalu y caiff ochr fwyaf clyd y clawdd, yr ochr sy'n cael ei chysgodi oddi wrth y gwynt a'r glaw. Mae mwy o waith trwsio ar yr ochr sydd yn nannedd y gwynt, a hynny'n golygu mwy o waith a mwy o gost.

Nid yw trigolion Ffair-rhos wastad mor gwrtais wrth drafod pobl:

Bachan tair wech am swllt yw e,

a chaiff hwnnw ei ddweud yn feunyddiol, bron, am rywun sy'n gyrru bargen galed: dau ddarn chwe cheiniog oedd mewn swllt. Y sawl sy'n cael yr oruchafiaeth sy'n ei ddefnyddio, wastad â gwên foddhaus ar ei wyneb:

Fe fynniff e ei dair wech am swllt.

Mae ambell fargeiniwr profiadol yn hoff o ddyfynnu

Busnes yw busnes,

gyda'r ychwanegiad a ddylai roi taw ar unrhyw un sy'n amau ei farn,

a meindied pob un ei fusnes,

a hefyd

Bargen yw bargen.

Ym Mlaenpennal, pan oedd rhywun yn tynnu coes ynglŷn â thalu dyled, yr ateb oedd 'Fe dala i di

pan dalo pawb ei gilydd.'

Y rhybudd bob amser yw

Ceiniog annheilwng aiff â dwy gyda hi

neu

Y golled gynta yw'r golled ora.

Honno sy'n dysgu'r wers i'r gwerthwr, a bydd e'n fwy siŵr o'i bethau'r tro nesaf.

Mae'r genhedlaeth hŷn yn debyg o ysgwyd eu pennau ar yr ieuenctid sy'n gwario'n ddi-hid, yn ôl eu safonau nhw:

Pryn rad, pryn eilwaith.

Ond heddiw, mae'n well gan bobl ifanc brynu rhywbeth rhad sy'n adlewyrchu ffasiwn y dydd na phrynu pilyn drud a ddeil am flynyddoedd ond a all ddyddio.

Mae rhai cynghorion busnes yn awgrymu y dylid cadw at y cynllun gwreiddiol beth bynnag fo'r hinsawdd. Dyma'r ffordd o ddweud wrth ddyn ifanc yng Nghwm Tawe bod angen iddo ddyfalbarhau, waeth beth fo'r gwaith neu pan fydd rhywun yn pwyso arno i newid ei feddwl:

Stica at dy stondin os na werthi di ddim.

Ond dydy hi ddim yn rhan o bersonoliaeth pawb i ddyfalbarhau, er gwaetha pob anogaeth. Rhaid i unrhyw un sy'n ceisio mentro adnabod y bobl o'i gwmpas. Amharod iawn oedd rhai i ymddiried yn eu cyd-blwyfolion. Roedd ambell un yn adnabyddus yn sir Fôn oherwydd

Mi ddwynith o'r siwgr o dy de os caiff o gyfla.

Mae'r darluniau sydd yn llawer o'r dywediadau, dim ond i chi feddwl amdanynt, yn ddigon i hala ceffyl i chwerthin. Cyngor i droi at fusnes sydd yn y nesaf, sef

cymryd llathaid o gownter

sy'n dalfyriad o

Mae llathaid (neu modfedd weithiau) o gownter yn well nag acer (neu gyfer) o dir

neu

Mae llond dwrn o fusnes yn well na llond ca'[e] o waith.

Ym marn y gymdeithas wledig, roedd yn llawer haws llwyddo fel siopwr na fel ffermwr. Ychydig iawn o gynghorion ynglŷn â phrynu a gwerthu a geir yn y dywediadau. Yr un mwyaf buddiol efallai yw

Pryn hen, pryn eilwaith
Pryn newydd, fe bery byth

ond efallai fod tinc ychwanegiad diweddarach ar yr ail linell. Ryw dro, anwybyddais y cyngor hwn a phrynu car ail-law gan imi gael car newydd trafferthus iawn unwaith, ac yn wir, bu'r car newydd hen yn ddidrafferth. Ond waeth pa mor onest yw perchennog y modurdy, mae'r elfen o fusnes a'r ffaith fod

pawb yn gorfod byw

yn peri i ddyn amau. Yr ofn yn sir Fôn yw bod ambell werthwr

mor gelwyddog ag ydy o gymalau

a meddyliwch faint o gymalau sydd yng nghorff dyn. Gallwch hefyd

werthu mêl a phrynu peth melys

neu

werthu cig moch a phrynu cig hwch.

Nid oes fawr o wahaniaeth rhwng prynu cig moch a phrynu cig hwch a does dim cymaint â hynny rhwng mêl a pheth melys. Mae'r ddwy enghraifft o sir Aberteifi ond mae nifer o ddywediadau i'w cael sy'n cyfleu'r un syniad ac yn defnyddio'r un patrwm o werthu un peth i brynu peth arall.

Y perygl wrth fargeinio neu orfentro, fel y gŵyr pawb, yw i'r

hwch fynd trwy'r siop.

Ond gall rhai weld y sefyllfa o'r tu allan: 'Mae'r hwch ar ben y bont, fydd hi ddim yn hir yn dod lawr a mynd trwy'r siop.'

Dull sir Fôn o ddisgrifio cwmni sydd wedi torri, neu ddyn ar ei sodlau, yw dweud ei fod

wedi mynd i frest y wal.

Yn sir Aberteifi, mae'r esboniad yn blaenach. 'Mae e wedi mynd

i Dre-din;

i din y cwd;

neu

â'i din i'r clawdd.'

Mae'r Parchedig W. Meredith Morris yn ei gasgliad o werineiriau sir Benfro yn 1910 yn ymhelaethu ar natur rhiw Tre-din:

Hirach 'nôl na mlân, fel rhiw Tre-din.

Dim ond pwyllo am funud sydd ei eisiau i weld ystyr ddyfnach y geiriau. Gallwch wario'ch arian ar oferedd a mynd i lawr y rhiw yn gyflym iawn ond mae ceisio adennill yr un faint o arian yn golygu gwaith caled a dyfalbarhad.

Ym Mhort Talbot, gwelir mwy o dristwch a chydym-deimlad pan fydd busnes wedi torri'n llwyr. Mae

wedi mynd i'r wal yn bitshyn ac yn stondin

yn ddarlun o stondinwr marchnad oedd wedi gorfod talu am ei bitsh yn y farchnad yn ogystal â phopeth oedd ar ei stondin, ac sydd wedi colli'r cyfan. Yn y cyfnod pan fydd pawb yn siarad am y peth, mae cryn gysur wrth gofio gyda phobl Môn,

Mi dyr rhywun arall gynffon ei gi toc

a bydd gan y gymuned dreialon rhywun arall i siarad amdanynt.

Er i mi godi'r nesaf yn sir Fôn gyntaf, mae fersiwn ohoni

ym mhob ardal. Mae clecwyr ym mhob man wastad yn cael hyd i rywbeth i gantan neu glebran amdano gan fod

rhyw gath yng nghwpwrdd pawb

yn ôl pobl sir Aberteifi. Mae cymdogion ym mhob man yn barod i wrando ar swaeon a'u hesgus bob tro yw 'Wel, ma pawb yn siarad am y peth'. A dyna dderbyn y ddihareb

Beth ddywed pawb, gwir yw!

Mae cymaint o gleber am bethau weithiau fel bod rhywun am gau'r drws ar bopeth:

Melysach bod hebddo!

Caiff ei ddweud hefyd am sŵn y teledu sy'n aml o'n cwmpas. Yn Llanilar, mae'r Cardi, Dai Jones, yn siŵr ei siwrnai:

Mae'n well iti elyn wynebgaled na ffrind dauwynebog.

Yng ngenau'r sach ...

Dechreuaf y bennod hon â dywediad sy'n dangos bod cydwybod y siaradwr yn hollol dawel: does dim yn ei ofidio: 'Sdim gwahaniaeth gen i

pa ochor i'r clawdd bydd y ci yn cyfarth.'

Roedd yn ddweud cyffredin iawn ar un adeg. Roedd mwy nag un llwybr yn arwain at ambell fferm a sŵn y ci'n cyfarth yn arwydd bod rhywun yn nesáu at y tŷ. Gallai hynny fod yn rhybudd i ambell ffermwr euog ei bod yn bryd iddo ffoi. Petai'n synhwyro bod y casglwr dyledion yn cyrraedd ar hyd un llwybr, gallai ddianc ar hyd y llall. Ond yn y dywediad uchod, roedd cydwybod y ffermwr yn dawel.

Roedd adegau pan deimlai'r ffermwr druan nad oedd ganddo ddihangfa o gwbl a'i fod

rhwng cynffon y Diawl a thwll ei din e.

Yn sir Aberteifi (lle mae'n ddywediad cyffredin iawn), ymffrost ambell un oedd yn ei weld ei hunan yn ddyn miniog ei feddwl, twyllodrus o graff efallai, oedd

Sa i'n fore-godwr, ond wy'n fore ar ôl codi.

Mae'n chwarae pert ar eiriau. Dydy'r siaradwr ddim yn codi gyda'r wawr: ystyr 'bore' yma yw 'effro', 'craff'. Ond roedd y meistri'n siŵr mai

y bore piau 'i, bois.

Rhyw fore Sul, dywedodd gwraig sy'n enedigol o sir Frycheiniog ac wedi gorfod gweithio'n galed ar hyd ei hoes wrtha i,

Yn y bore mae lladd y gwaith.

Mi fu ambell gaffar yn rhoi cyngor i'w weithwyr,

Dechrau da yw hanner y gwaith.

Ond ymateb ambell weithiwr diog oedd

Mae fory yr un hyd â heddi

neu

Mae fory heb ei gwrdd.

Rhaid i bawb ennill ei fara. Ni dderbynnir esgusodion oherwydd

Does neb yn rhy hen i ddysgu.

Serch hynny, mewn rhai sefyllfaoedd, gallai pob ymdrech fod yn ofer; ond daw gwên i'r wyneb wrth gofio'r dywediad:

Waeth iti drio stwffo mwg i din cath efo fforc.

Yn Nhreorci, y Rhondda, roedd pobl yn adnabod y natur ddynol:

Ro di'r pwysa ble fynnot ti, ar y pedair co[e]s ma'n mynd yn y diwedd.

Y pedair coes yw pedair coes yr elor, neu'r ddwy gadair y byddai'r arch yn gorffwys arnynt: sylw ar feidroldeb a geir yma felly.

Ond hyd yn oed ar ôl gweithio'n galed trwy'r dydd, mae ambell un yn methu cysgu ac ar ddihun tan yr oriau mân: 'Dim ond

porthi'i ofidiau

wnaeth e trwy'r nos.' Roedd eraill yn cysgu'n dawel. Pan ofynnid i ambell hen wraig roi ei barn ar fater o bwys, gallai ymateb gyda, 'Mi fynna i

gyngor y gobennydd.'

sy'n Gymreiciach na'r cyfieithiad o'r Saesneg a ddefnyddiwn amlaf heddiw, sef

Fe gysga i arno!

Doedd pawb ddim o'r un anian, a'u hwyliau'n gallu newid o ddydd i ddydd. Ambell waith, pan oedd rhywun yn ddigon croes ei natur, gallai ei deulu yn sir Aberteifi wneud y sylw

Mae'r hen ffelo yn cael reid tshep heddi eto.

Gallai dyn cecrus gael yr enw o

gario'r Diafol ar ei gefn heb i hwnnw godi tocyn.

Pan aiff rhywun i ddilyn ffyrdd y diafol, fe ddywed y ddihareb

Hir y ceidw'r Diafol ei was

gan y daw yn or-hoff o'r llawnder a'r cyfoeth a all ddeillio o anonestrwydd. Ond mae gogledd sir Aberteifi wedi ychwanegu ati a dwysáu'r ystyr:

Hir y ceidw'r Diafol ei was, ond brwnt a chas y diwedd.

Weithiau, bydd dyn yn teimlo'i fod wedi colli'r ddadl neu'n teimlo'n ddigalon. Ond y cysur yw bod ei wrthwynebydd yn dioddef hefyd:

Mae'r cilog gora'n colli ei blu.

Pan fydd dau geiliog yn ymladd, er i un ohonynt fod yn ddiarcholl, mae yntau hefyd wedi colli rhywfaint o'i bluf, a'i gnawd yn boenus.

Ers blynyddoedd bellach, pe baem wedi dewis gwrando ar y proffwydi dinistr yn hytrach nag ar y cyfeillion tywydd teg, fe'u clywem yn sisial

Hirlwm ar ôl llawnder

fel rhyw dôn gron yn ein clustiau. Ond ar y pryd, roeddem i gyd ar gefnau ein ceffylau ac am fwynhau'r ffair. Eithr y wraig o'r Gaerwen, Môn, oedd yn iawn – mae hirlwm wedi dilyn llawnder. O'r herwydd, rhaid i bawb ailddysgu cynildeb a darbodaeth. Yn wir, mae'n rhaid wrth fesurau brys neu fe fyddwn i gyd â'n cefnau yn erbyn y pared. Tan yn gymharol ddiweddar, y cam cyntaf fyddai dysgu

tynnu cwys yn nes i'r clawdd.

Doedd yr un ffermwr yn barod i wastraffu modfedd o dir. Er mai ffermwyr y gogledd biau'r dywediad, yr oedd yn berthnasol i bawb beth bynnag oedd eu hamgylchiadau. Pan fyddai gŵr yn aredig, roedd bob amser, o'i anfodd, yn gadael ymyl o dir glas neu frwgaitsh heb ei throi. Y gwrthwyneb sy'n wir heddiw. Caiff ffermwyr eu talu am adael llain heb ei thrin yn lloches i'r adar gwylltion a'r anifeiliaid mân. Mae dihareb arall sy'n dilyn yr un trywydd:

Gwell yw cysgod llwyn na'i le.

Roedd hi'n ffasiwn tan yn ddiweddar i dynnu'r cloddiau rhwng y caeau bach i'w gwneud hi'n haws aredig gardd fawr o dir, heb rwystrau yn ffordd y peiriant. Rydym eisoes yn dioddef o ganlyniad i hyn gyda llai o fywyd gwyllt, ac ym mlynyddoedd y sychder, nid oes dim i atal croen y tir rhag cael ei chwythu ymaith. Ar eira trwm, rhaid wrth gysgod i'r defaid neu byddant yn sicr o farw, fel y gwelsom yn y gaeafau geirwon diweddar.

Rhag ofn eich bod yn gorfod cynilo am y tro cyntaf erioed, mae pawb yn unfarn taw

Yng ngwddwg y sach mae cynilo

yn fersiwn Pont-rhyd-y-fen, Morgannwg, neu

Yng ngenau'r sach mae tolio'r (arbed) **blawd**

yn ôl pobl Aberaeron. Rhaid meddwl am gynilo pan fo llawnder. Ni ddylai hynny fod yn anodd pan fo blawd yn llond y sach ond pur anaml y bydd rhywun yn meddwl am wneud y pryd hynny, oni bai bod rhyw Joseff (neu George Osborne!) i'w atgoffa.

Mae wedi bod yn fwrn ar wraig erioed i ddarganfod nad oes ganddi asgwrnyn o fara ar ôl yn y tŷ. Fel hyn y dywedodd gwraig o Fôn: 'Sgin i ddim yn y tŷ. Mae **wedi mynd lawr i'r radall** arna i.' Cresid torth geirch ar y radell, a defnyddir

> Mae **ar y radall**

yn ffigurol hefyd i olygu nad yw rhywun mewn sefyllfa dda. Wedi bwyta'r dorth olaf, mae ar y radell. Yr un ystyr sydd yn:

> Mae **wedi mynd lawr i'r coed**.

Cedwid y blawd mewn cist bren, ond roedd yn diflannu'n syndod o gyflym heb yn wybod i wraig y tŷ. Dim ond pan gyrhaeddai hi'r pren ar waelod y gist y sylweddolai nad oedd dim ar ôl.

Ni ellir dibynnu ar bawb i ymddwyn yn gall nac i ragweld canlyniad eu gweithredoedd. Mae ambell un yn ddigon twp i

> **roi allwedd tŷ'r gieir i'r canddo** (cadno)

neu

> **roi gofal yr ŵydd i'r cadno**.

Rhyw neges debyg sydd yn

> **Paid anfon yr hwyaden i gyrchu'r ŵydd adre**.

Byddai eraill wedyn yn ffraeo ymhlith ei gilydd, yn deulu neu'n ffrindiau. Doedd neb o'r tu allan i'r criw am gael ei dynnu i mewn i'r ymrafael gan ofni mai ef a gâi hi waethaf yn y pen draw. Y cyngor iddo yn y de-ddwyrain oedd peidio ag ymyrryd a gadael pethau

> **R[h]wng gwŷr Pen-tyrch a'i giddyl** (gilydd).

Ond roedd y 'gwŷr Pen-tyrch' roeddwn i'n eu nabod yn sicr iawn o'u treftadaeth ac yn f'atgoffa mai dywediad yr hen drigolion oedd

Bid ryddoch wŷr Pen-tyrch.

Ni chwrddais erioed â neb oedd yn barod i daeru bod pobl Pen-tyrch yn ffraellyd ond yr oedd hi'n gymuned eithaf ynysig. Mae'r dywediad yn dal ar lafar ym Morgannwg pan fo drwgdeimlad rhwng dau sy'n hen adnabod ei gilydd, gan beri i rywun deimlo y dylai ymrryd. Ond gwyddai mai callach peidio oedd hi.

Ddwy genhedlaeth yn ôl, roedd mochyn yn rhan o economi pob cartref. Os oeddech o ddifrif yn meddwl am wella eich byd, yna roedd yn rhaid prynu mochyn. Cyngor ei fam wrth gyfyrder imi oedd yn byw yng Ngodre'r-graig oedd 'Pyrn (Pryna) di ddou a wetyn

bydd un mochyn yn talu am y nâll.'

Yn yr ardaloedd glofaol yn ystod y 1920au a'r 1930au, roedd bron pawb yn cadw dau fochyn, y naill i'w werthu a'r llall i'w ladd at eu defnydd eu hunain, ac fe fyddai'r pris a geid am y cyntaf yn talu am gadw'r llall hefyd. Ond nid am brynu mochyn roedd fy nghyfyrder, ond prynu tŷ. Roedd dau dŷ bychan yn sownd yn ei gilydd ar werth, ac roedd ef am brynu un ohonynt, ond cyngor ei fam oedd iddo brynu'r ddau dŷ, gan y byddai rhent y naill yn talu am y llall. Ac fel mab ufudd, fe wrandawodd ar ei fam. Rhoir cyngor cyffelyb i fuddsoddwyr heddiw: prynwch ddau dŷ a gosodwch un, ac fe fydd rhent hwnnw yn talu am forgais y llall.

Yn sir Fôn, defnyddiwyd y dywediad oedd ar dafod pawb fel ffordd o ddiddanu plentyn bach iawn wrth ei roi ar eich troed a'i siglo a'i suo gyda'r geiriau

185

Mochyn tew i ddyn y dreth a bara te i'r teulu.

Doedd dim rhaid i'r plentyn ddeall y geiriau. Y sŵn oedd yn ei ddiddanu. Ond câi sugno athroniaeth y teulu o'r crud.

Peidiwch â meddwl mai berwi swil yn unig fydd eich ffawd os penderfynwch gadw moch; cewch dipyn o rialtwch a thristwch yn gymysg. Roedd diwrnod lladd mochyn yn ddiwrnod mawr ac fe ddywedir nawr yn Llansamlet, wrth baratoi croeso hael i ymwelydd,

'Sdim o'n ni'n **lladd mochyn** bob dydd, cofiwch',

gan awgrymu eu bod yn gwneud hynny fel croeso i'r cyfeillion annwyl. Twlc a thipyn o gowrt, a sbarion y gegin a'r ardd: dyna'r cyfan oedd eu hangen i fagu mochyn. Clywais weinidog yn dweud wrth ei gynulleidfa'n ddiweddar,

Ro'n i'n **sefyll hyd mochyn a'i gynffon** oddi wrtho

wrth sôn am rywun digon cyfarwydd. Dyna oedd ei ffordd ef o fesur hyd. Dim ond dychmygu y gallwn i ei wneud.

Ond os oedd gennych dipyn o dir, yna fe gyfrifir ym Menllech fod dafad yn well bargen. Ac ymhellach:

Pryn ddafad, pryn ful.

Mae dafad wedi iddi bori ar y mynydd yn elw i gyd, bron, pan ddaw yn amser i'w gwerthu, a'r gobaith fyddai prynu trol a mul o'r elw. Peidiwch â meddwl bod hyn yn perthyn i'r oes o'r blaen – mae'n gyngor doeth ac amserol. Mae mul yn anifail rhad i'w gadw, ac fe fyddai'r siwrnai wythnosol i brynu neges yn fwy pleserus, gan na fyddai'n rhaid poeni am bris petrol yn codi o hyd, a byddai hynny'n un gofid yn llai i'n llethu.

Mae rhai cynghorion cyffredinol y dylwn i eu cynnwys rhag ofn na fyddwch yn eu cofio pan fyddwch wyneb yn wyneb â'r sefyllfa argyfyngus, megis

Na phryn gath mewn cwd.

Gofalwch eich bod yn archwilio popeth yn drylwyr cyn prynu yw'r ystyr, yn union fel

Na phryn iâr ar y glaw

gan fod golwg druenus ar iâr wleb. Mae'r nesaf yn codi o ofergoel yn hytrach na phrofiad, gallwn feddwl:

Na chadw byth o gylch dy dŷ
Na cheiliog gwyn na chath ddu.

Os ydym am ddod i'r lan, rhaid i bob aelod o'r teulu wneud ei ran. Rhaid i'r dynion beidio ag ymddwyn fel gwŷr mawr a cheisio dilyn adloniannau'r byddigions.

Tryfar a genwar a gwn
Wneith ŵr cyfoethog yn ŵr llwm

yw rhybudd pobl Nantlle. Aeth sawl teulu bonedd ar ddisberod trwy wneud yr union beth yma mewn oesoedd o'r blaen. Yn Llangefni, Môn, y ddau bechod mawr yw milgi a gwn. Wrth fentro mewn busnes neu hapchwarae, mae colli unwaith yn iawn, ond o ddechrau colli'n gyson, mae'n anodd iawn adennill y tir a gollwyd. Gwaethygu a wna'r sefyllfa, medden nhw.

Os penderfynwch droi'r borfa'n ardd lysiau, gair o gyngor o Swyddffynnon cyn dechrau:

Mae'r ddaear yn onest iawn.

Ni chewch gan y ddaear ond yr hyn a rowch chi ynddi yw'r cyngor a gefais i. Er enghraifft, wrth hau tatws ar ddydd Gwener y Groglith, ni ellir eu gosod a chau'r rhychau a disgwyl cnwd ar ei ganfed heb wrteithio cyn hau. Ond o wrteithio'n dda, fe gewch gnwd da. Ffordd arall o ddweud yr un peth yw

Byddwch yn onest â'r ddaear a bydd y ddaear yn onest â chi.

Dyna athroniaeth bob garddwr gwerth ei halen. Mae'r cyngor yn arbennig o amserol ar raddfa fyd-eang erbyn hyn.

Roedd plant sir Ddinbych yn annog ei gilydd yn yr ysgol:

Pìn bob dydd, grôt bob blwyddyn.

Pan welwch chi bìn wrth eich traed, peidiwch â'i anwybyddu na'i yrru'n ddyfnach i'r ddaear neu'r carped – codwch ef, gan fod pinnau bach yn costio arian. Ar un adeg, gellid honni bod grôt yn swm chwerthinllyd o fach ond erbyn hyn, mae pob ceiniog yn werthfawr. Yr hyn a ddysgid i blant Môn oedd

Os gwelwch chi bentwr, gwnewch o'n fwy.

Tuedd naturiol plentyn wrth weld pentwr ar lawr yw ei gicio a'i chwalu nes bod dim ar ôl. Ond y ffordd o gael stôr o unrhyw beth yw dilyn yr athroniaeth honno. Pan oedd plant yn mwynhau chwarae marblis, y ffordd i gael celc iawn oedd eu cadw mewn cwdyn ac ychwanegu atynt pan gaent gyfle, nid eu cadw yn yr awyr agored a hwn ac arall yn rhoi cic iddynt wrth fynd heibio. Buan y diflannent felly. Mae'n debyg mai ni'r gwragedd oedd ym meddwl y dyn doeth pan ddywedodd

Llaw ddiwyd a gyfoethoga.

Ond efallai mai yn fy meddwl i mae'r euogrwydd. Cystal inni gofio'r hen air

Pwythyn mewn pryd

a geiriau'r wraig o Bencader,

Paid cwiro hen bilyn â patshyn newydd,
sy'n fwy uniongyrchol – os yn llai gosgeiddig – na geiriau efengyl Mathew, 'ni ddyd neb lain o frethyn newydd at hen ddilledyn: canys y cyflawniad a dynn oddi wrth y dilledyn, a'r rhwyg a wneir yn waeth'. Llai o wylio'r bocs a gwinio'r un pryd, dyna'r feddyginiaeth.

Mae'r hen ddihareb

Gweddw crefft heb ei dawn

wedi cael ei gwisgo â balchder gan gannoedd o ddisgyblion
ysgol a myfyrwyr Prifysgol Abertawe. Ond nid oedd gan bawb
ddawn arbennig. Defnyddid ei chymar yn aml i godi calon
prentis a deimlai na allai gyrraedd y nod:

Gwell pob crefft o'i harfar.

Ar un adeg, câi'r merched eu dysgu i winio a phwytho. Dyma'r
cyfnod o ganol y bedwaredd ganrif ar bymtheg pan wnaed y
sampleri hardd, a phan hyfforddid merched i fod yn biwpil-
titshars. Caent hefyd ddysgu eu crefft, sef crefft gwinio. Roedd
ffrind imi o Nantlle'n canmol rhywbeth a sgrifennodd ei mam
i'r papur bro, a'i mam yn ymateb i'r ganmoliaeth â 'Dydy o
ddim yn rhy ffôl ac ystyried mai

dim ond chwarter o wnïo ges i.'

Nid dyna a gafodd yn llythrennol, ond dyna ei ffordd hi o
ddweud na chafodd hi fawr o addysg.

Does dim yn gwylltio gweithwyr mwy na chyd-weithiwr
nad yw'n tynnu ei bwysau. Mae ef o'r un cig a gwaed â phawb
arall, ond y gwahaniaeth yn ei feddwl ef, yn ôl ei gyd-weithwyr
yng nghymoedd y de, yw fod ganddo

asgwrn yn ei gefn e

sy'n ei wneud yn wahanol i bawb arall. Yr asgwrn cefn sy'n
cynnal y corff. Doedd corff y dyn diog ddim yn wahanol i
gorff undyn arall, ond roedd e wastad yn ymesgusodi rhag
gwneud ei dasgau a'i gyd-weithwyr yn ei wawdio trwy dystio
bod asgwrn yn ei gefn. Ein ffordd ni o ddisgrifio person sy'n
amharod i sefyll dros ei egwyddorion yw dweud nad oes

dim asgwrn cefn ynddo.

Mae cyfarwyddiadau syml wedi bod yn gymorth i sawl morwyn a gwraig. Gallai Dai Jones ar ei raglenni teledu roi cyngor da hefyd â gwên swil ar ei wyneb, sef

Rhaid curo cytew crempog nes i chi glywed carnau ceffylau.

Alla i ddim credu ei fod e wedi gwneud cytew erioed, ond rwy'n siŵr iddo weld digon o grempog yn cael eu gwneud. Mae tric ym mhob trad, fe ddywedir. Alla i ddim llai na rhyfeddu bod dywediad i'w gael i gynorthwyo pob crefft. Un arall o'i eiddo yw

Haws iawn bugeilad (bugeilio) **â dy gefen yn sych**

ac yntau'n siarad o'r sied! Iddo fe hefyd,

tymor y pwyso a'r mesur yw'r hydref.

Hynny yw, pan ddaw hi'n amser cynaeafu y gwelir ôl gwaith y gwanwyn. Ond gall Dai hefyd roi ei farn ar y math o waith sydd ei angen ar bobl heddiw: 'Swyddi go iawn sydd ishe arnon ni, nid

swyddi mwnci yn torri cnau.'

Ymhle cafodd pobl Llanilar y ddelwedd honno, ys gwn i?

Un ffordd o arbed arian oedd cynilo ar fwyd, yn enwedig ar fwyd gweision. Roedden nhw'n cwyno'n aml nad oedden nhw'n cael digon i'w fwyta. Yr agwedd oedd, medden nhw:

'Rhowch iddyn nhw **frecwast chwadan'**
i ddechrau'r dydd. Yn iaith Nantlle, sir Gaernarfon, dyna yw paned a thoc o fara menyn a dim arall. Ond beth am ddarparu

cawl bachyn

i ginio? Mae sôn am ddwy ardal yn sir Gaerfyrddin, y naill yn eiddigeddus o'r llall. Ystyrid pobl y naill ardal yn bobl fên iawn, mor fên fel y byddent yn berwi'r bachyn oedd yn dal yr ystlys am fod darnau o fraster yn glynu wrtho – ac fe wnâi hynny'r tro yn lle cig yn y cawl. Stori'r ardal arall yw honno, felly cymerwch binsiad o halen gyda hi.

Te gwinyddes

yw'r pryd nesaf. Merched bach sidêt fyddai'n mynd o dŷ i dŷ i winio yn sir Aberteifi, ac ychydig iawn o fwyd fyddai ei angen arnynt, medden nhw. Dywedid yr un peth am deilwriaid oedd yn eistedd ar y bwrdd wrth weithio. Byddai

tishan [h]eb yn wpod (wybod) i'r siop

yn ddigon da iddyn nhw. Caiff ei ddefnyddio heddiw yn Llansamlet i olygu teisen a wnaed o beth bynnag oedd ar ôl yn y cwpwrdd ar y pryd. Dyna, yn llythrennol, oedd "eb yn wpod i'r siop'. Fyddai dim llawer o flas arni am na fyddai llawer o gynhwysion ar ôl yn y cwpwrdd, ond fe wnâi'r tro gyda dishgled o de. Gwnaent de cryf, sef

te bildo tai.

'Builders' tea' yw hwn yn Saesneg. Er gwaetha'r amgylchiadau, roedd y wraig yn teimlo y dylai wneud mwy o ymdrech weithiau. Ond yn lled aml

siew a shifft

fyddai hi. Shifft yw rhywbeth sy'n gwneud y tro. Yn yr achos yma, mae'n ychydig iawn o gig neu rywbeth oedd dros ben. I wneud iddo fynd ymhellach, ychwanegid rhagor o lysiau neu berlysiau, neu ychydig o gaws: beth bynnag fyddai wrth law i wneud iddo edrych yn well, sef gwneud siew ohono. Does dim yn cythruddo gwraig sydd wrthi'n gwneud bwyd yn fwy na rhywun yn dwyn y mymryn lleiaf â bys a bawd. Ond gall llawer ym Morgannwg dystio

Ma sbrot yn ffeinach na bwyd.

Sbrot yw rhyw dameitach bach.

Os ydych chi, drwy'r cwbl, am gadw'n iach, cofiwch gyda phobl Bodedern, Môn, fod

> **Afal yn y bore yn aur,**
> **Afal yn y prynhawn yn arian,**
> **Afal yn y nos yn blwm.**

Ond os aiff y byd yn drech na chi, mae gennych ddau ddewis –

> **cysgu dan ganiad y gog**

gyda phobl Benllech, neu

> **byw mewn gobaith a marw mewn hiraeth**

gyda phobl Llanbedr Pont Steffan. Mae pobl Morgannwg yn rhoi eu profiad o hiraeth mewn ychydig eiriau pert:

> **Mae [h]ira[e]th fel tonna'r môr,**

sy'n awgrymu ei fod yn ddiddiwedd neu efallai fod iddo drai a llanw yr un fath â'r môr.

Ond mae cysur yn yr atgofion. Mewn sawl ardal, ceir y cwpled

> **Ar ôl pob gaea[f] daw ha[f]**
> **Ar ôl pob storm daw hindda.**

Nid wrth ei big

Diwydiant mwyaf ymwthgar a llechwraidd ar yr un pryd yr oes hon yw'r diwydiant hysbysebu. Wrth wylio'r teledu bob nos, wrth agor papur newydd, i ble bynnag y teithiwn, mae'n amhosibl osgoi ei ddylanwad llysnafeddog. Yn aml, nid yr hyn a ddywedir yn yr hysbysebion sy'n ein bachu, ond yr hyn na ddywedir. Mi fu cyfnod pan oedd yr hysbysebion yn ddifyr iawn, ond erbyn hyn mae arian yn brin, a phob hysbyseb yn gorfod profi ei gwerth ariannol.

Roedd yr hen werthwyr slawer dydd yn deall y grefft i'r blewyn. Rhaid gwneud gosodiad moel i ddechrau, wedyn ceisio codi gwên, a gorau oll os oedd rhyw odl neu sigl i wneud y geiriau'n gofiadwy. Mae'r ddwy enghraifft nesaf yn gampus, gan roi cic slei i rai o wŷr pwysica'r fro:

> **Penwaig Nefyn, Penwaig Nefyn:**
> **Bolia fel bolia tafarnwrs;**
> **Cefna fel cefna ffarmwrs.**

a

> **Sgadan Aber-porth**
> **Dou fola yn 'run corff.**

Byddai merched Moelfre, Môn, â'u cysglau'n barod pan glywent y waedd

> **Penwaig Moelfre, ffresh bob un,**
> *Jumping alive!*

Byddai pawb yn prynu dau neu dri dwsin ohonynt, yn ffrio rhai i ginio a chadw'r gweddill mewn dysgl i'w piclo. Doeddwn i erioed wedi clywed am benwaig picil heb sôn am eu bwyta nes imi fynd at wraig ym Mryncroes, Llŷn. Erbyn imi fynd ryw dro wedyn, yr oedd y penwaig yn barod, a bu'n rhaid imi aros i gael cinio gyda hi. Gyda llaw, dywedid yn Llŷn mai

nionod Jonnies,

neu

winwns y Shoni Winwns

i wŷr y de, oedd orau at wneud penwaig picil. Yn sir Fôn, roedd cymeriad ar sgwâr Llangefni'n gwerthu afalau ac yn gweiddi

Fala, fala filoedd

gan ddyfynnu llinell o'r gân werin 'Deryn y bwn o'r Banna' oherwydd yn y gân, mae deryn y bwn, wrth fynd i rodio, yn cwympo i bwn o fala, ac roedd yno 'fala, fala filoedd'. Mae hysbysebwyr heddiw yn defnyddio'r un ddyfais, sef dyfynnu cân adnabyddus ond rhoi geiriau newydd ar yr alaw.

Ceir enghraifft o ymateb i newid iaith yn y Rhondda ddwy ganrif yn ôl yn agwedd y gwerthwr calch. Roedd y rhan fwyaf o'r trigolion yn dal i siarad Cymraeg, ond roedd mwy a mwy o Saeson yn dechrau symud yno. Felly gwaeddai'n ddwyieithog,

Calch gwyn, calch gwyn, *white lime.*

Mae sôn yn nhribannau Morgannwg am dai gwynion, ac fe fyddai bonedd a gwreng yn gwyngalchu eu hadeiladau erbyn dydd Gwener y Groglith. Yr un gŵr oedd yn mynd o flwyddyn i flwyddyn ac yntau'n berchen ar odyn. Disgwylid am lais yr odynwr bob blwyddyn yn Nantgarw. Wrth ddychmygu clywed ei gri a'i lafarganu, rhaid cadw mewn cof nodweddion tafodiaith hynod Morgannwg:

Cialch, cialch
O otyn Gellan Ffrenig
I wyngalchu tai boneddig.
R[h]aid gwyngalchu'n sŵn y gog
Erbyn Dydd Mawr y Grog.

Cialch, cialch i'r tlawd ac i'r balch.
I gatw'n iēch prynwch gialch
Erbyn Dydd Mawr y Grog.

Credid bod gwyngalchu popeth yn cadw afiechyd draw. Llais tenor bach hyfryd oedd gan y gŵr o Gellan Ffrenig yn ôl y sôn. Pennill y gwerthwr halen yn yr un gymdogaeth oedd

[H]alan, [h]alan,
Raid cal [h]alan ddechra'r gaea
Er mwyn [h]alltu'r mochyn tena.
Raid cal [h]alan pan ddaw r[h]ew
I gal [h]alltu'r mochyn tew.
Prynwch [h]alan, ferchid Cymru,
Er mwyn ciatw'r cawl r[h]ag drewi.
Prynwch [h]alan, ferchid bēch,
Er mwyn ciatw pawb yn iēch.
[H]alan, [h]alan, [h]alan gora Cymru.
Cofiwch wraig Lot!

Ychwanegai'r wraig a gofiai'r pennill na allai hi na'i chyfeillion byth roi'r adnod 'Cofiwch wraig Lot' yn y cwrdd am eu bod yn credu mai adnod gwerthu halen oedd hi!

Cymeriad cyfarwydd arall yng nghymoedd de Cymru oedd y gwerthwr eli. Dyma sut yr hysbysebai ef ei nwyddau:

Eli Treffynnon welliff yn union
Welliff bob clefyd ond clefyd y galon.

Rwy'n meddwl yn y cwpled yma fod clefyd y galon yn golygu tor calon a'r hiraeth sy'n ei ddilyn. Dyma un arall ond gallai fod yn gwpled olaf y pennill uchod:

Eli Beirŵt a sepon du
Wellws y crafu arna i.

Does dim sôn amdano y dyddiau hyn, ond yr oedd pobl slawer dydd yn dioddef o'r cyflwr heintus a elwid 'y crafu', sef 'the itch' yn Saesneg. Mae sôn am Beirŵt yn f'atgoffa am hysbyseb am de a glywais ym Mlaenpennal:

Te, Te, Bwhê a Chongô.

Ymddengys fod te du Bwhea yn boblogaidd iawn. Pan ddaeth te i ynysoedd Prydain gyntaf, roedd hwnnw'n de Tsieina pur, ond yn ddiweddarach, byddai'n cael ei gymysgu â the o India. Dywedir bod te'r Congo'n bersawrus iawn, ond mwy na hynny, nis gwn.

Yr hysbyseb orau gen i yw'r un a glywais yng Nghwm Tawe:

Sigar i ŵr segur iach
A sigaréts i grotsach.

Dyna un ffordd o wahaniaethu rhwng dynion yn eu hoed a'u hamser a llanciau ifanc. Deallaf eu bod yn rhan o englyn gan Richard Williams (Gwydderig), oedd ag enw am fod yn englynwr penigamp. Ceir hefyd fersiwn fyrrach, sef

Sigâr i ŵr segur,
Sigarét i weithiwr.

Gwireb dda yw'r un a gafwyd yn sir Fynwy:

Startsh a bliw eli yw.

Mae'n cymryd yn ganiataol bod starts a lliw glas ym mhob tŷ at olchi dillad, ac mae'n pwysleisio'i rinweddau eraill. Wrth gadw'r ddau beth yn y tŷ, byddwch yn lladd dau aderyn ag un ergyd.

Wn i ddim a fwriadwyd i'r enghreifftiau canlynol fod yn debyg i 'Come to Sunny Rhyl!' ai peidio, ond yr un dinc sydd ynddynt. Does dim dadl nad oedd yr ysbryd cymdogol yn fwy byw flynyddoedd yn ôl, a'r gystadleuaeth rhwng dwy gymdogaeth ffiniol yn gryfach. Mae pawb yn ardal gweithiau sir Gaerfyrddin yn gwybod am

Betws mas o'r byd

ac yn hoff o'i ddyfynnu wrth glywed sôn am Fetws, Rhydaman. Wrth grybwyll enw Aberdâr wrth wraig o waelod sir Frycheiniog, ei hymateb cyntaf oedd

Yn Aberdâr y magwyd y côr mawr.

Cyfeiriad at Gôr Unedig Aberdâr dan arweinyddiaeth Caradog (1834–97) sydd yma.

Ers dyddiau Goronwy Owen, mae gwŷr Môn wedi deall y busnes hysbysebu yma. Dyma sut y bu amaethwyr Môn yn hysbysebu eu llaeth yn y 1930au:

Beth yn well i blant na llaeth y Fam?

gan gyfeirio at y Fam Ynys, Môn Mam Cymru.

I mi, yr hysbysebu mwyaf dan din oedd y dull a ddefnyddid i ddwyn perswâd ar fechgyn i ymuno â'r fyddin yn ystod y Rhyfel Byd Cyntaf yn 1916. Kitchener oedd yn galw ar fechgyn Lloegr. Ond yng Nghymru, roedd Lloyd George am ffurfio 'Byddin Gymreig' a bu gweinidogion yr efengyl fel John Williams, Brynsiencyn, yr areithiwr tanbaid, yn gyfrifol am annog miloedd o fechgyn Cymru i listio. Cafodd John Williams ei benodi'n gaplan anrhydeddus i'r fyddin. Defnyddid llun o Ddewi Sant yn ogystal i geisio dihuno'u cydwybod. Mae geiriau'r hysbyseb wedi aros ym meddwl gŵr o Soar, Môn:

Melys yw marw dros ei wlad

gan apelio at wladgarwch y bechgyn ifanc, ond mae'r enghraifft nesaf yn fwy cyfrwys a mwy personol, gan ymdreiddio i eigion personoliaeth bachgen ifanc:

Mil gwell yw marw yn fachgen dewr na byw yn fachgen llwfr.

A dyna ddweud mawr i gloi hyn o lyfr. Fe all mai'r hyn a roddodd fwyaf o fwynhad imi yn ystod y gwaith o'i baratoi oedd clywed gwraig yn dweud, ar ôl prynhawn hynod yn trin a thrafod, yn holi a chwilota, 'Wel wir, y'ch chi wedi acor [f]y meddwl i prynhawn 'ma', oherwydd dyna'r gyfrinach wrth gasglu a dehongli dywediadau, sef ceisio agor y meddwl.

Diolchiadau

Mr Elidir Beasley, Llanharan
Mrs Margaret Cox, Caerdydd
Mr D. H. Culpitt, Cefneithin
Miss Cassie Davies, Tregaron
Mr Daniel Davies, Tregaron
Mr D. T. Davies, Trewiliam
Mr a Mrs Edward Davies, Gwalchmai
Mrs Hannah Davies, Llandysul
Mrs Kate Davies, Pren-gwyn
Mr W. Beynon Davies, Aberystwyth
Mrs Elin Edwards, Llangefni
Mr Griffith John Edwards, Godre'r-graig
Mr a Mrs Iwan Griffiths, Castellnewydd Emlyn
Eleri Gwyndaf, Caerdydd (Glyn Ceiriog gynt)
Mr a Mrs B. T. Hopkins, Blaenpennal
Dr Dafydd Huws, Caerdydd (Llandre gynt)
Mrs Edith May Hughes, Benllech
Mr T. D. Hughes, Bodedern
Mrs Marie James, Llangeitho
Mrs Mary Jenkins, Ffair-rhos
Mr Morgan John, Y Pwll, Llanelli
Mr Alun Jones, Pontgarreg
Mr Daniel Jones, Bronnant
Mr David Jones, Abergwesyn (Llanddewibref gynt)
Miss E. Dryhurst Jones, Llangefni
Mr Gruffudd Jones, Soar, Môn
Mrs Kate Jones, Y Bontnewydd
Mr a Mrs Roscoe Lloyd, Aber-arth
Mr W. H. Lloyd, Pont-y-clun (Llanbadarn Fawr gynt)
Mr Tom Morgans, Cwm-bach, sir Gaerfyrddin
Mrs Kate Morris, Llangeitho
Mrs Mair Owen, Ysbyty Ifan
Miss Mary Parry, Traeth Coch
Miss Joy Phillips, Llandudoch

Miss Juli Phillips, Caerdydd (Aberteifi gynt)
Mrs Anne Richards, Pontrhydfendigaid
Miss Hannah Roberts, Tre-boeth, Abertawe
Mr a Mrs Richard Roberts, Llangefni
Miss Caroline Rosser, Llansamlet
Miss Ann Rosser, Llansamlet
Y Fonesig Margaret Rosser, Llansamlet
Dr Elfyn Scourfield, Y Sili (Trelech gynt)
Mr T. C. Simpson, Llangefni
Mrs Buddug Thomas, Caerdydd, (Llanbryn-mair gynt)
Mrs Catherine Margretta Thomas, Nantgarw
Mrs L. Thomas, Pen-tyrch (Llandeilo'r-fân gynt)
Mrs Mary Thomas, Ffair-rhos
Mrs Rachel Thomas, Pencader
Mr R. G. Thomas, Llangynwyd
Mrs S. M. Tibbott, Pen-tyrch (Crug-y-bar gynt)
Mrs Sarah Trenholme, Nefyn
Gwilym Tudur, Aberystwyth (Chwilog gynt)
Mr a Mrs E. R. Walters, Aberdâr
Mrs M. A. Walters, Dre-fach
Mr Hywel D. Williams, Y Rhigos
Mrs Siân Williams, Tynygongl

Llyfryddiaeth

J. J. Evans, *Diarhebion Cymraeg* (*Detholiad, gyda chyfieithiad i'r Saesneg*), Llandysul 1965

William Hay, *Diarhebion Cymru*, Lerpwl 1955

Evan Jones, *Doethineb Llafar, yn bennaf fel y'i clybuwyd yng Nghantref Buallt*, Abertawe 1925

J. Jones (Myrddin Fardd), *Gwerin-eiriau Sir Gaernarfon: eu hystyr a'u hanes*, Pwllheli 1907

Owen John Jones, *Dywediadau Cefn Gwlad*, Dinbych 1977

R. M. Jones, 'Diarhebion', *Y Traethodydd* cxxxi, 561(1976), tt. 218–30

Parch T. O. Jones (Tryfan), *Diarebion y Cymry*, Conwy 1891

Richard Glyn Roberts, *Diarhebion Llyfr Coch Hergest*, Aberystwyth 2013

Ceir trafodaeth ar ddywediadau a diarhebion lleol mewn ffynonellau megis trafodion cynnar yr Eisteddfod Genedlaethol, er enghraifft rhai Caerdydd (1883) a Llanelli (1895), ac yn llai aml yn nhrafodion y cymdeithasau hanes sirol, megis *Montgomeryshire Collections* (1877–80). Ceir casgliad o ddiarhebion Cymraeg a rhyngwladol gan Richard Glyn Roberts yn y cylchgrawn *Dwned*, cyfrolau 9, 11, 12, 14 a 15.

Mynegai'r ymadroddion

Nodir amrywiadau o dan y gair gwreiddiol, yn cynnwys treigladau, ffurfiau lluosog a gorchmynnol a defnydd tafodieithol. Nodir geiriau a ddefnyddir fwy nag unwaith y tu hwnt i'r cyd-destun gwreiddiol yn unig.